个人数字文件保存挑战与档案馆对策研究

徐欣欣 著

GEREN SHUZI WENJIAN BAOCUN TIAOZHAN YU
DANGANGUAN DUICE YANJIU

WUHAN UNIVERSITY PRESS
武汉大学出版社

图书在版编目(CIP)数据

个人数字文件保存挑战与档案馆对策研究/徐欣欣著.—武汉：武汉大学出版社,2019.12
ISBN 978-7-307-21402-6

Ⅰ.个…　Ⅱ.徐…　Ⅲ.数字技术—应用—档案馆—研究
Ⅳ.G270.7

中国版本图书馆 CIP 数据核字(2019)第 295087 号

责任编辑:林　莉　喻　叶　　　责任校对:汪欣怡　　　版式设计:马　佳

出版发行:**武汉大学出版社**　　(430072　武昌　珞珈山)
　　　　　(电子邮箱:cbs22@whu.edu.cn　网址:www.wdp.com.cn)
印刷:广东虎彩云印刷有限公司
开本:720×1000　　1/16　　印张:11.5　　字数:204 千字　　插页:2
版次:2019 年 12 月第 1 版　　　2019 年 12 月第 1 次印刷
ISBN 978-7-307-21402-6　　　定价:39.00 元

作者简介

徐欣欣

　　女，1987年生，郑州大学信息管理学院档案学专业讲师、硕士研究生导师。2016年博士毕业于武汉大学信息管理学院档案学专业，获管理学博士学位。本科和硕士分别毕业于山东大学文史哲和世界史专业，获历史学学士和硕士学位。目前已在《档案学研究》、《档案学通讯》、《信息资源管理学报》、《浙江档案》等期刊上发表档案学论文9篇，其中被人大复印资料转载1篇；发表在《档案学研究进展》中1篇；在第18届国际档案大会、AERI2019年年会、第二届iConference亚太地区分会等国际会议上宣讲论文3篇。参与国家社科基金项目3项，主持河南省厅局级科研项目1项、郑州大学校级科研项目1项。研究兴趣为个人档案、档案与社会记忆、农村档案、民俗档案。

前　　言

如今，个人数字文件大量形成且具有多方面的长远价值，然而其保存状况却十分堪忧。作为人类文化遗产和社会记忆的一部分，个人数字文件值得档案馆关注并采取相关保存措施。本书分析了档案馆个人数字文件保存工作的理论基础和法律依据，并对一些档案馆相关工作的现状进行了调查，在此基础上，结合国内外先进经验，从改变观念、个人数字文件进馆前的提前干预、进馆后的管理以及对公众的教育指导等四个方面为档案馆提供了对策。

本书第 2 部分首先介绍了个人数字文件的相关概念和范围，拓展了"文件"的内涵，对个人数字文件的含义和范围进行了界定。之后评介了个人数字文件相关的管理理论，包括鉴定理论和后保管理论。最后，分析了我国档案馆开展个人数字文件保存工作的法律依据，确认其有资格开展相关工作。

第 3 部分通过对 31 个省级综合档案馆网站的在线调查及对部分档案馆的电话访谈，初步梳理出我国档案馆的名人和普通人数字文件保存工作情况。然后，将我国档案馆工作现状中的问题总结为观念不到位、收集时间太晚、管理方法简单、缺乏对公众的教育指导等四个方面。

第 4、5、6、7 部分分别针对以上四个问题为档案馆提供了对策，其中第 4 部分是转变观念，这是档案馆应对个人数字文件保存挑战的第一步。在具体做法上，该部分从认识个人数字文件保存的重要性和重新思考收集工作中的困难和问题两方面进行了论述。

第 5 部分紧接着论述了个人数字文件的收集，其重点是提前干预。该部分首先介绍了提前干预方法的含义，然后，在分析了个人的数字文件形成和管理行为的基础上，参考 Paradigm、Digital Lives 和 iKive 项目三个实例，梳理出了提前干预的一整套实施步骤。

第 6 部分论述档案馆对进馆后的个人数字文件的管理，根据档案馆的不同情况，提供了 4 种路径：从物理媒介上的个人数字档案着手保管的路径、依托本馆数字仓储的路径、依托管理软件的路径以及与其他机构合作的路径。

第 7 部分为档案馆的个人数字文件保存工作提供了一个新思路，即教育指导公众保存其数字文件，通过这种方法，档案馆可以借助公众的力量，与之共同建档、共同保存社会记忆。书中还举出了美国国会图书馆和我国沈阳市档案局的相关实践的例子，并就此分析了教育指导中的困难和问题及其解决方案。

作　者

2019 年 10 月

目 录

1 引　　论

1.1　研究背景

1.1.1　个人数字文件的大量产生及其长期保存价值

如今，人们生成和获取了越来越多的关于自己和服务于自己的数字文件，包括文档、电子邮件、照片、音乐和视频等。与过去计算机的民主化(由大型机转向个人 PC)类似，近年来数字内容的生成也已经民主化、个人化，人们从对数字内容的被动消费更多地转向自主生成，如撰写博客、社交互动及公民新闻报道等①，个人已成为文件的大型生产者。

对于个人来说，其大量的数字文件中有相当一部分值得保存，这部分文件的保存价值可体现在多个方面，比如，可为将来的行动提供参考；可用来回忆过去；个人在其成长过程中曾耗费了大量时间精力或创意；来自重要的亲友或者是个人为纪念重要亲友而生成，寄托了个人的很多情感等，因而个人希望将其进行长期保存。

除了对于个人的价值之外，个人的数字文件还可能有对于国家、社会的价值，因而值得图书馆、档案馆等文化机构采取措施进行保存。比如，作为文化遗产的一部分，个人数字文件可用来构建并传递社会记忆；文化机构对一些名人数字文件的收藏有助于培养一个国家或地区的集体荣誉感；有些人的数字文件还可用于家谱及学术研究等等。随着时代的发展，文化机构越来越重视普通人的文件，因为文件的很多价值更多地取决于其内容，而非该文件由谁生成，

---

① Beagrie N. Plenty of room at the bottom? Personal digital libraries and collections [J]. Dlib Magazine, 2005, 11(6): 1.

普通人也可以从一个独特的角度生成有价值的记录①。

1.1.2　个人数字文件流失或损毁情况严重

然而，这些个人数字文件的保存状况却十分堪忧，很多重要的文件流失或损毁，妨碍了其长远价值的发挥。其原因主要有以下几点：

①个人数字文件。同所有数字文件一样，其内容的呈现依赖于一些软硬件平台，而这些软硬件频繁的更新换代或者出现错误(如硬盘出现故障)，都会导致原来的文件不能被读取。

②在线和离线存储的分散性，尤其是智能手机等便携式设备的使用造成了大量数字文件的分散，极大地增加了集中存档的难度。

③网络环境下，大量数字文件存放在网络服务器上，带来诸多风险。黑客的攻击极易造成个人账户被盗、个人数字文件被损坏；网站改版或停止使用，也会给用户带来巨大的损失。

④个人缺乏保管数字文件的能力或条件，人为的操作失误(如误删)，或人们善意的忽视(benign neglect，不能投入足够的时间精力来管理其数字文件)②也是造成个人数字文件不能够良好保存的一个重要原因③。

总之，由于数字媒介的不稳定性、网络存储中的安全风险、在线离线存储的分散性等客观因素，以及个人的主观因素，导致个人数字文件大量流失或者损毁。有学者甚至指出我们已经进入了一个"数字黑暗年代"④。因此，对个人数字文件进行存档并妥善保存、维护非常必要。将这一情况放在人类历史发展的大背景下来看，更能引人深思："古代苏美尔地区刻在土碑上的法律条文仍在世界各地的博物馆展出着，中世纪写在羊皮纸上的泥金装饰手抄本看起来像是刚刚抄写并涂的色，然而 20 世纪 80 年代印刷在酸性纸张上的书籍已经沦

---

① Bass L J. Getting Personal：Confronting the Challenges of Archiving Personal Records in the Digital Age [D]. Winnipeg, Manitoba. University of Manitoba. 2012：1-6.

② Marshall C C, Bly S, Bruncottan F. The Long Term Fate of Our Digital Belongings：Toward a Service Model for Personal Archives [J]. Computer Science, 2007(6)：25-30.

③ 周耀林，赵跃. 国外个人数字存档研究与实践进展[J]. 档案学通讯，2014(3)：82.

④ Terry K. The digital dark ages? Challenges in the preservation of electronic information [J]. International Preservation News, 1997(17)：8-13.

为尘土……最新时代的数字存储也据称是只能维持十年"①。也就是说，随着技术的演进，人们获得了越来越多的便利，曾经是特权或精英阶层专利的文件生成和获取，如今越来越平民化，文件量也飞速增长，但其长期保存状况却并未越来越好。这一问题值得国内外学者关注并进行研究与思考。

1.2 国内外研究综述

1.2.1 国外研究综述

近年来，围绕个人数字文件的长期保存，或者说个人数字文件的存档，国外兴起了一股研究热潮，来自众多学科的专家都参与了这方面的讨论。总地来说，这里面大部分的研究都可归入个人信息管理（Personal Information Management，PIM）、数字记忆和档案学三种视阈②。

1.2.1.1 个人信息管理视阈

个人信息管理（Personal Information Management，PIM）相关的研究产生于20世纪80年代个人计算机出现之后。针对信息过量、难以管理的问题，一些学者开展了相关研究，旨在为个人有效管理其信息找到一些方法。比如，通过设计一些软硬件，帮助个人对各种格式的信息进行管理。个人信息的检索是最常被讨论的话题，另外，其他一些信息管理活动也在 PIM 研究范围之内，如收集、整理、分类、存储等。其研究力量主要来自信息科学和人机交互领域。

尽管 PIM 研究主要关注的是短期管理，个人信息的长期命运也受到了一些研究者的关注，如微软研究院硅谷实验室首席研究员 Catherine C. Marshall 在 *The long term fate of our personal digital belongings：Toward a service model for personal archives* 一文中通过调查了解到个人数字存档③的现状及问题，并试图

---

① Millar L. Discharging our Debt：The Evolution of the Total Archives Concept in English Canada［J］. Archivaria 1998 (46)：105.

② 同一种视阈可以包含来自多种学科的研究。

③ 英文为 personal digital archiving，其属概念为 personal archiving（个人存档），指的是个人采取各种措施对其数字文件进行存档，在国外已成为一个专门的研究领域。本书的国外研究综述中关注的是个人数字文件的存档，不仅包括个人对其数字文件进行的存档，还包括档案机构进行的存档（如将个人数字记录接收和摄取到档案机构的数字仓储）。个人数字存档是个人数字文件的存档的一部分。

通过设计一个服务模型来实现个人信息的长期存储和访问①。她在 *Rethinking Personal Digital Archiving Part* 1：*Four Challenges from the Field*②、*Rethinking Personal Digital Archiving Part* 2：*Implications for Services*，*Applications*，*and Institutions*③ 中进一步阐述了个人数字存档的四大挑战，即：善意的忽视（没有时间精力来管理）、分散存储、只累积不鉴定不著录和长期存储带来的检索问题。另外，还探讨了它们对个人数字存档方面的服务、应用程序及对存档机构的影响和启示，并强调注重个人角度的数字存档时代已经来临。

又如，加州大学教授 Steve Whittaker（主要从事人机交互领域的研究）与哥伦比亚大学计算机科学系的教授 Julia Hirschberg 于 2001 年合作发表的 *The character*，*value*，*and management of personal paper archives*④ 一文，研究了人们更多形成纸质而非数字档案的原因、纸质档案的构成及不同的处理策略对档案结构的影响。此外，还讨论了这项研究对个人数字信息管理的启示。

再如 YouTube 公司用户体验研究员 Kerry Rodden，其主要从事人机交互及可视化领域的研究。2003 年，Kerry Rodden 与微软剑桥实验室的 Kenneth R. Wood 合作发表了 *How do people manage their digital photographs?*⑤ 一文，对于人们如何管理其所收藏的数码照片进行了调查研究。研究结果有助于软件开发者改进个人数码照片管理工具。其研究报告虽然只涉及了个人存档中数码照片的管理问题，但也引起了人们对于个人存档工具功能设计问题的关注。

1.2.1.2　数字记忆视阈

有关数字记忆的研究关注的是数字媒介及数字内容与数字记忆之间的关系，认为媒介是记忆的工具，记忆通过媒介而存在。数字媒介让以往了无痕迹

①　Marshall C C，Bly S，Bruncottan F. The Long Term Fate of Our Digital Belongings：Toward a Service Model for Personal Archives［J］. Computer Science，2007(6)：25-30.

②　Marshall C C. Rethinking personal digital archiving，Part 1：Four challenges from the field［J］. D-Lib Magazine，2008，14(3)：2.

③　Marshall C C. Rethinking personal digital archiving，part 2：implications for services，applications，and institutions［J］. D-Lib Magazine，2008，14(3)：3.

④　Whittaker S，Hirschberg J. The character，value，and management of personal paper archives［J］. ACM Transactions on Computer-Human Interaction（TOCHI），2001，8(2)：150-170.

⑤　Rodden K，Wood K R. How do people manage their digital photographs?［C］//Proceedings of the SIGCHI conference on Human factors in computing systems. ACM，2003：409-416.

的日常生活能够被记录和保存下来，尤其是随着生活轨迹(lifelog)技术的发展，出现了各种各样的装置(如可以一直随身携带的摄像机①)，能够自动以数字形式捕获、存储个人的活动并提供访问，更加方便了个人记忆的保存。其研究力量主要来自媒介学、文化学和人机交互等领域。

由于关注为未来留下数字记忆，该研究与个人数字文件的长期保存有着密切的联系，MyLifeBits(MLB)研究项目就是一个典型的例子。它是由微软研究院于2001年底成立，旨在"存储一生中的所有信息"。该项目由两部分组成：MLB系统的开发和Gordon Bell的个人数字存档实验。在系统开发方面，Jim Gemmell与Roger Lueder将系统构造成了"一个用于存储所有的数字媒体，包括文档、图片、声音和视频的系统"。此外还添加了诸如全文检索、文本和声音标签、超文本链接等工具，是一个集成多种功能的个人数字存档系统。在个人数字存档实验部分，Gordon Bell对他所产生的和与他有关的原生性和再生性电子文件进行收集、保存、组织、检索、传播和利用，他的这种行为是典型的个人数字存档行为，目标是保存其个人和家庭的记忆。项目的研究成果在个人存档研究领域产生了较大的影响。Jim Gemmell和GordonBell还在2002年、2006年分别发表了 *MyLifeBits：fulfilling the Memex vision*②、*MyLifeBits：a personal database for everything*③ 两篇文章介绍该项目，成为个人存档研究领域的关键文献。

另外，该视阈的研究还扩展到了个人的数字文件在其生命终结之后如何保存上。离世者本人可能会希望其重要的数字文件得以保存，在世者也可用这些文件材料来纪念、缅怀其逝去亲友，由此就产生了相关的保存技术，如Michael Massimi 和 William Odom 在 *HCI at the end of life：understanding death，dying and the Digital*④ 一文中指出，人们的离世及其相关的活动越来越多地与

---

① 爱尔兰都柏林城市大学的 Cathal Gurrin 从事相关的研究项目，他曾在2011年的个人存档会议上进行介绍，并发表了很多文章，见 http：//www.computing.dcu.ie/~cgurrin/styled-4/index.html.

② Gemmell J，Bell G，Lueder R，et al.MyLifeBits：fulfilling the Memex vision[C]//Proceedings of the tenth ACM international conference on Multimedia.ACM，2002：235-238.

③ Gemmell J，Bell G，Lueder R.MyLifeBits：a personal database for everything[J].Communications of the ACM，2006，49(1)：88-95.

④ Massimi M，Odom W，Kirk D，et al.HCI at the end of life：understanding death，dying，and the digital[C]//CHI'10 Extended Abstracts on Human Factors in Computing Systems.ACM，2010：4477-4480.

数字技术交叉在一起，因此，对于人机交互(HCI)领域来说，为个人的离世及其相关的活动开发一些支撑技术是必要的，比如支持群体纪念、数字文件材料的继承等活动的技术。

1.2.1.3　档案学视阈

国外档案工作者传统上负责管理的是档案机构馆藏中的个人档案，因而其档案学文献中讨论个人档案时通常指的就是这种档案，然而，这些档案的来源是个人形成的文件，因而其在进馆前的管理与保存情况也与档案工作者利益攸关。近年来，随着个人数字文件的大量产生及其岌岌可危的存续状态，作为社会记忆的保存者，档案机构更需要思索如何来应对这些文件的保存问题。在此情况下，档案学者们对该问题的研究应运而生，著述颇丰，俨然形成了一个新的研究热点。

1. 期刊论文

(1)澳大利亚国家档案馆的 Adrian Cunningham

Cunningham 是国外档案界最早研究个人数字文件的学者，他于 1994 年发表了第一篇相关论文①，目的在于发起关于个人电子文件的讨论，列出相关问题敦促其他档案工作者思考、解决。Cunningham 在文中指出，出于惯性，在个人电子文件的处理上，多数档案机构的做法仍是全部转换成纸质版保存。个人文件管理上的最大问题在于对捐赠者文件的收集常常是在其完成对社会的全部贡献之后，甚至是在其离世之后。而由于电子文件的自身问题，加上捐赠者缺乏对其文件重要性的认识，如果档案工作者继续以收集传统文件的方式收集个人电子文件，他们面临的情况将是文件已流失或不能被读取。Cunningham 建议档案工作者尽早介入捐赠者的生活进行收集，这样可以确保捐赠者及时更新文件的保管技术、转换文件格式。档案工作者还可以和捐赠者建立长期的联系，虽然有人认为这样会影响捐赠者文件的形成，但这是避免文件流失的唯一方法。此外，Cunningham 还坚决主张以电子形式形成的文件要以电子形式保存，以免转换成纸质版的过程中丢失其背景信息。Cunningham 的观点在当时来说是革命性的，甚至对我们当今的档案实践仍有借鉴意义。

Cunningham 这篇文章之后到 1999 年，研究个人电子文件保存的文章只有4 篇，其中，有一篇是美国档案工作者 Tom Hyry 和 Rachel Onuf 发表于 1997 年

---

① Cunningham A. The archival management of personal records in electronic form: Some suggestions [J]. Archives and Manuscripts, 1994, 22 (1): 94.

的文章①。此文研究了从事个人文件收集保管的档案工作者必须如何适应变化中的信息媒介。他们不赞同 Cunningham"与捐赠者保持联系并干预其文件形成过程"的观点，而是建议档案工作者教育公众如何管理其个人文件。

1999 年，Cunningham 发表了另一篇文章②，指出档案界有关个人电子文件保存问题的研究太少。此外，Cunningham 再次强调，为获取可用的文件，档案工作者有必要尽早介入文件形成过程。对于有学者所提出的"档案工作者的介入与否，会导致个人形成不同的文件，因为介入后形成者会有意识地创建文件"，Cunningham 的回应是：通过查看文件形成的全部背景，仍可保证文件的证据价值，它只不过是一种不同类型的证据。

（2）加拿大国家档案馆的 Lucie Paquet

Paquet 是早期另一位积极研讨个人电子文件保存问题的档案工作者，她就职于加拿大国家档案馆中专门处理个人档案的手稿部。她认为档案工作者必须意识到个人计算机和互联网给个人生活带来的变化，并改变工作方式、投入人力财力确保个人电子文件的完整性和长期保存③。

Paquet 基于其个人档案工作的实践探讨了个人电子文件如何保存。据她介绍，加拿大国家档案馆已开发出一整套政策、程序和工具，以方便档案工作者收集处理个人电子文件。由于技术的不断变化，她建议采取两种方法收集个人电子文件，一种是针对新近形成的文件所采取的积极主动的方法，即考虑到文件格式和载体的多样性，纳入了新的读取软件，能读取各种格式和载体上的文件；另一种是较为被动的方法，针对早期技术下形成的、当今技术无法读取的磁盘文件，开发出了专门系统，把过时文件转换成新的格式。这种方法在捐赠者中很受欢迎，Paquet 借此获取了档案捐赠者的信任，使他们更加乐意接受档案工作者向其提供的文件管理和保存方法上的建议。

之后，Paquet 介绍了加拿大国家档案馆收集个人电子文件的具体步骤，同 Cunningham 一样，Paquet 也认为档案工作者要尽早研究解决个人电子文件的保存问题，不然以后在国家档案馆中将看不到个人电子档案。她建议的做法是档案工作者要介入文件的形成过程中，档案馆要增加档案工作者的计算机技术

---

① Hyry T, Onuf R. The personality of electronic records: the impact of new information technology on personal papers [J]. Archival Issues, 1997, 22(1): 37-44.

② Cunningham A. Waiting for the ghost train: Strategies for managing electronic personal records before it is too late [J]. Archival Issues, 1999, 24(1): 55-64.

③ Paquet L. Appraisal, acquisition and control of personal electronic records: From myth to reality [J]. Archives and Manuscripts, 2000, 28(2): 71.

培训，并编制计算机软件的指南和说明以提高档案工作者的文件保存能力。

（3）其他学者的期刊论文

除了 Cunningham 和 Paquet，还有许多档案学者对个人数字文件的保存问题进行了研究，可分为以下两方面：

在理论探讨方面，1996 年，Sue Mckemish 研究了个人文件保管行为的特性及其在见证个人生活、形成社会集体记忆和文化认同方面的社会使命，并指出档案工作者通过将个人文件接收到档案馆，把"我"的证据变成了"我们"的证据①；2005 年，Neil Beagrie 在文章中指出如今人们正在形成越来越多的数字文件，带来了许多问题，并将对未来造成很大影响，他对该领域的当前研究和新兴服务进行了评述，并讨论了个人数字集合对个人、图书馆及其他文化机构的潜在影响②；2006 年，Toby Burrows 列举并分析了图书馆档案馆等机构收集保管个人数字文件方面的问题，并为未来的研究指明了方向③。

在案例分析方面，2006 年，Sarah Kim 等人介绍了得克萨斯州立大学奥斯汀分校的 Harry Ransom 人文研究中心自动批量处理剧作家 Arnold Wesker 的数字手稿的经验④；同年，Catherine Stollar Peters 介绍了该研究中心处理作家 Michael Joyce 数字手稿的经验，其做法是将 Joyce 的数字手稿纳入到基于 OAIS 的机构仓储 Dspace 中⑤；2009 年，Michael Forstrom 介绍了耶鲁大学贝尼克珍品与手稿图书馆处理作家档案中的数字材料的经验，以 InterPARES 1 期项目中有关电子文件真实性的研究成果《电子文件真实性评估和维护要求》为模型来评估和维护电子文件的真实性，其检索工具中的著录则采用了美国、加拿大合作制订的标准——《档案著录内容标准》⑥。

---

① McKemmish S. Evidence of me ［J］. The Australian Library Journal, 1996, 45（3）: 174-187.

② Beagrie N. Plenty of room at the bottom? Personal digital libraries and collections ［J］. Dlib Magazine, 2005, 11（6）: 1.

③ Burrows T. Personal electronic archives: collecting the digital me ［J］. OCLC Systems & Services: International digital library perspectives, 2006, 22（2）: 85-88.

④ Kim S, Dong L A, Durden M. Automated Batch Archival Processing: Preserving Arnold Wesker's Digital Manuscripts ［J］. Archival Issues, 2006, 30（2）: 91-106.

⑤ Peters C S. When not all papers are paper: A case study in digital archivy ［J］. Provenance, Journal of the Society of Georgia Archivists, 2006, 24（1）: 3.

⑥ Forstrom M. Managing electronic records in manuscript collections: A case study from the Beinecke Rare Book and Manuscript Library ［J］. The American Archivist, 2009, 72（2）: 460-477.

2. 学位论文

加拿大曼尼托巴大学有两篇档案学硕士学位论文研究个人数字文件保存。一篇是 2002 年 Karyn Taylor 的 *From Paper to Cyberspace：Changing Communication Technologies and the Implications for Personal Records Archives*①。论文指出，随着通信技术的变化，信息的传递与交流从依赖纸张转向借由计算机技术，文件逐渐虚拟化，由此给档案工作者带来很多问题和挑战。已有的研究多集中在机构的电子文件，尤其是政府电子文件上，对个人电子文件管理的研究严重缺乏。论文的目的就是要引起广大档案工作者对该论题的重视。文中首先介绍了加拿大的"全部档案"传统，即加拿大公共档案馆有收集个人档案的惯例。之后回顾了档案界在机构电子文件管理上的做法，虽有一定借鉴意义，但仍不足以用来解决个人电子文件的问题。第三部分考查了人们当前用来生成文件的计算机通信技术，并简要回顾了个人通信的历史，指出当前的新技术给负责收集保管个人档案的档案工作者带来了很大挑战。论文最后调查了一些档案机构应对个人电子文件挑战的已有做法及未来打算。

另一篇是 2012 年 Jordan Leslie Bass 的 *Getting Personal：Confronting the Challenges of Archiving Personal Records in the Digital Age*②。论文开头回顾了从过去到现在档案界对个人文件的研究和实践情况，指出以往的档案学理论与实践都忽视了个人数字文件，在没有理论指导和实践的情况下档案工作者难以应对数字时代个人文件存档的挑战，为改变这种状况，档案工作者首先需要充分了解个人如何形成和保存其数字文件。之后，论文批判性地分析了经常被过度简单化的个人数字存档环境，以揭示出数字时代个人形成和使用其文件的过程中的问题。接着，就档案机构最近探索出的一些有关个人数字文件存档的方法展开了讨论，得出对这些材料的妥善管理需要多种软硬件平台、简明的采集策略和保存方法以及细致的前端工作等结论。论文最后进行总结，就个人数字文件的存档提出了包含理念、方法、技术的一整套建议。

3. 项目成果报告

档案学界在个人数字文件保存方面有一些专门的研究项目，其中比较知名的是英国的 Paradigm(The Personal Archives Accessible in Digital Media) 和 Digital

---

① Taylor K. From paper to cyberspace：changing communication technologies and the implications for personal records archivists [D]. University of Manitoba，2002：i-ii.

② Bass J L. Getting Personal：Confronting the Challenges of Archiving Personal Records in the Digital Age [D]. Winnipeg，Manitoba. University of Manitoba. 2012：iii-iv.

lives 项目，前者以 6 位健在政治家为试验对象，通过提前与他们建立联系、提供指导并将其数字文件接收和摄取到基于 OAIS 的数字仓储中的实践经验，探索个人数字文件保存中的问题；后者面向了更广泛的对象，从已在大英图书馆收集范围之内的对象，如作家、建筑师等，扩展到新兴的收集对象，如数字艺术家①，以及英国文学、信息科学、文化学等领域博士后、博士研究生等，通过大量的访谈调查了解这些人的信息管理行为，尤其是存档行为，并探索其数字文件和研究机构的数字仓储之间的关系。

Paradigm 和 Digital Lives 项目都发表了不少论文介绍其成果，如 *Paradigm Workbook on Digital Private Papers*② 一文介绍了 Paradigm 项目研究出的档案机构收集保管个人数字文件的操作指南；*Digital Lives*：*Report of Interviews With the Creators of Personal Digital Collections*③ 中介绍了 Digital Lives 项目针对来自不同行业和生活背景的人员的访谈结果，对个人形成和管理其数字文件的行为进行了多方面的分析总结；*Digital lives*：*personal digital archives for the 21st century*：*an initial synthesis*④ 一文则对 Digital Lives 项目的成果进行了综合报告。

4. 相关专著

2008 年，美国档案学家 Richard J. Cox 出版了 *Personal archives and a new archival calling*：*readings*，*reflections and ruminations* 一书，对数字时代个人档案含义的拓展以及由此而来的档案工作者的新的角色和使命进行了探讨。全书的内容可分为三部分，其中，前两部分阐释了公民保存个人文件的动力以及这些文件对于个人的重要意义，最后一部分探讨了在电子邮件、网页文件等数字对象语境下的"文件"的概念。Cox 指出，"除非档案工作者能够让公民了解到数字文件的特性，否则在我们有机会去鉴定它们之前，其中的大部分可能都已丢失"，以此强调了档案工作者在个人数字文件保存方面的重要作用⑤。

---

① 运用数字技术进行创作或展示的艺术家，如使用数码绘画软件进行绘画的艺术家。

② Thomas S, et al. Paradigm：Workbook on Personal Digital Archives［Z/OL］. Oxford：Bodleian Library, 2007.［2016-02-29］. http：//www. paradigm. ac. uk/workbook/index. html.

③ Williams P, Dean K, John J L. Digital Lives：Report of Interviews with the Creators of Personal Digital Collections［J］. Ariadne, 2008, 27(55)：142-147.

④ John L J, et al. Digital Lives, Personal Digital Archives for the 21st Century：An Initial Synthesis, Beta Version 0. 2［R/OL］.［2016-03-02］. http：//britishlibrary. typepad. co. uk/files/digital-lives-synthesis02-1. pdf.

⑤ Cox J Richard. Personal archives and a new archival calling：readings, reflections and ruminations［M］. Duluth, Minn：Litwin Books, 2008：ii-xviii.

在这本书中，Cox 反复提到了"公民档案人"（citizen archivists）的概念，所谓公民档案人是指普通公众中那些有兴趣并试图保存、收集，并且/或者整理个人和家庭档案的人①。Cox 的主要观点是，由于技术的不断更新换代和个人想要与过去建立联系的意愿，个人档案的保存在社会中的地位正变得越来越重要。因此，档案工作者应当接纳自己作为教育者和顾问的新角色，并把工作重点从满足学术研究者的需要，转变为帮助业余人员（公民档案人）自己进行归档。Cox 指出，越来越多的公民档案人逐渐意识到文件的归档与保管的重要性，然而却不知从何下手，他们需要相关的指导。而档案工作者的专业知识和技能正好能满足这一需求，他们可以在这一领域担当专家的角色，并借此展现档案服务在社会中的重要作用。

另外一本著作是 2011 年美国档案工作者协会出版的 Christopher A. Lee 主编的 *I, Digital：Personal Collections in the Digital Era*②。作者在开篇中指出，如今个人数字集合数量激增，且其构成越来越复杂，引起了不少学者的关注，并形成了一批研究成果。然而，这些研究成果却分散在一些期刊和项目网站上，档案工作者参考起来极为不便，为此，作者就对这些研究成果进行了整编，填补了这方面的空白，以方便档案工作者及其他对此感兴趣的人参考。书中收录的文章按其内容分成了三个部分，其主题分别为概念基础和动机、特定的文件类别和文件格式以及对记忆机构的启示，重点关注不同用户群体的数字管理实践，以及档案工作者在个人数字档案保管方面所面临的机遇与挑战。

1.2.1.4　各视阈间的交叉、交流与综合

各种视阈下的学者在进行个人数字文件保存研究时，逐渐出现了交叉融合的趋势，互相采用对方的观点，糅合进本视阈的研究中，其中尤以 PIM 视阈的研究对档案学理论和实践经验的引进最为突出。另外，该研究领域还经常召开学术会议方便各视阈下的学者进行交流，并出版了囊括各视阈研究成果的综合性专著。

1. 把档案学理论和实践经验引入 PIM 视阈的研究

2009 年，Peter Williams（伦敦大学学院信息研究院）等人发现从个人数字档案的视角对个人信息管理的研究成果很少，提出了基于档案信息生命周期的

---

① 曲春梅. 理查德·考克斯档案学术思想述评［J］. 档案学通讯，2015（3）：22-28.

② Randtke W. I, Digital：Personal Collections in the Digital Era edited by Christopher Lee［J］. Journal of Librarianship and Scholarly Communication，2012，1（2）：9.

模型,以促进面向档案的个人信息管理①。2010 年,Amber L. Cushing(爱尔兰都柏林大学信息与图书馆研究院)将档案学领域与个人信息管理领域有关个人数字文件存档的文献进行了对比,发现 Marshall 提出的个人数字文件存档挑战(善意的忽视、分散存储、只累积不鉴定不著录、长期存储的检索问题)与档案界有着密切关系,并且档案文献中的某些学术和实践上的观点可被用来应对Marshall 提出的挑战。据此,Amber 提出,今后两个领域的学者应该加强合作,共同应对个人数字文件保存的挑战②。

2. 学术交流会议

2010 年马里兰大学人文科学技术协会(MITH)与美国国会图书馆国家数字信息基础设施和保存计划(NDIIPP)项目组在旧金山主持召开第一届个人数字存档会议(Personal Digital Archiving Conference),至今,该会议已召开五届,旨在分享信息,建立一个从业者的团体以确保对个人数字信息的长期访问。参与者是来自不同国家学术机构和公司的学者,其研究领域有图书馆和档案管理、个人信息管理、计算机科学和人机交互等。会议论文多从信息技术、数字存档内容和用户行为及建议的角度对个人数字存档进行探讨③。

另外还有美国计算机协会(Association for Computing Machinery,ACM)召开的"个人经历的获取、存档和检索"研讨会(Capture,Archival and Retrieval of Personal Experiences,CARPE),共召开了三届(2004、2005、2006)。第一届时会议名称是"个人经历的持续存档和检索"(Continuous Archival and Retrieval of Personal Experiences),参与者来自亚洲、欧洲以及加拿大、美国,由于会场爆满,反响强烈,IEEE 期刊曾专门就此设立专题。第二届、第三届会议名称中的 continuous 都改成了 capture,因为主办方希望看到虽不是"持续性"的,但有助于"人生经历的获取"的研究④。

3. 综合性文集

出版于 2013 年的 *Personal archiving：preserving our digital heritage* 一书是个

---

① Williams P, John J L, Rowland I. The personal curation of digital objects：A lifecycle approach[C]// Aslib Proceedings. Emerald Group Publishing Limited, 2009, 61(4)：340-363.

② Cushing A. L. Highlighting the archives perspective in the personal digital archiving discussion [J]Library Hi Tech, 2010, 28(2)：301-312.

③ 会议网址是 http：//www. ala. org/alcts/confevents/upcoming/webinar/pres/042413.

④ The 3rd ACM Workshop on Capture, Archival and Retrieval of Personal Experiences (CARPE 2006) [EB/OL]. [2016-01-02]. https：//www. cmc. ss. is. nagoya-u. ac. jp/CARPE2006/.

人数字文件存档方面的综合性文集。它是由 Donald T. Hawkins 编辑, Brewster
Kahle 作序。其中, Mike Ashenfelder、Evan Carroll、Peter Chan、Sarah Kim、
Jeff Ubois 等人分别从个人数字档案的定义、个人存档案例分析、美国国会图
书馆的个人存档项目、个人存档的软件和服务、个人数字遗产的相关法律问
题、E-mail 信息存档、学术机构的教员和研究员数字文件的存档、Internet
Archive 网站与个人存档、最新的个人存档研究项目以及个人存档的未来展望
等角度对个人数字文件存档进行了研究①。

1.2.2 国内研究综述

国内有关个人数字文件保存的研究主要集中在图书馆、情报和档案学
领域。

1.2.2.1 国内图书馆、情报学领域

图书馆领域有关机构知识库的研究与个人数字文件的保存密切相关, 尤其
是高校及科研院所的机构知识库。这种机构知识库, 又叫机构仓储, 其实是一
种新的知识交流模式和工具。机构成员可向知识库提交个人数字资源(如学术
和学位论文、工作报告、实验数据和实验结果等)进行自存档, 然后由知识库
对这些资源进行长期保存; 知识库所保存的个人数字资源是向公众免费开放
的。目前, 国内有很多学者对机构知识库进行了研究, 比如, 唐兆琦在《基于
DSpace 的机构仓储应用研究》中通过分析 DSpace 软件和上海交通大学机构仓
储系统的需求, 设计出了上海交通大学学术信息平台的基础框架, 目的是长期
保存上海交通大学的科研资料, 方便校内外及国内外同行学者之间的学术交流
和知识共享, 有效地支持科研生产的全过程, 提高科研的产出效率②。郭淑艳
在《基于开放获取的机构知识库的研究》中谈到了机构知识库的内容建设(机构
成员自存档的内容), 以及知识库的管理和维护(质量控制、数据备份)等, 并
预言"机构知识库将成为数字化时代学术研究的一项关键性的基础设施"③;
冯占双在《基于机构仓储的学术知识共享机制研究》中从组织结构、激励机制

---

① Hawkins. T D. Personal Archiving: Preserving Our Digital Heritage[M]. New Jersey:
Information Today, 2013: xv-xvii.

② 唐兆琦. 基于 DSpace 的机构仓储应用研究[D]. 上海: 上海交通大学, 2008: 2-4.

③ 郭淑艳. 基于开放获取的机构知识库的研究[D]. 长春: 东北师范大学, 2006:
33.

等方面分析了基于机构仓储的学术知识共享机制，并通过案例分析说明了这种机制的有效性：该机制可以促进学术成果的有效传播，并可从侧面解决机构成员对知识库的信任危机①；杨莎莎、叶建忠在《学术信息交流的新途径——开放存取自存档》中论述了开放存取自存档资源的版权问题、自存档知识库间的互操作、自存档资源的元数据收割等问题②；秦珂也就开放存取自存档的版权问题进行了专门论述③。

此外，图书馆领域还有学者介绍了国外图书馆在个人数字文件长期保存方面的实践，如刘龙介绍的美国国会图书馆指导公众开展个人数字信息保存的举措④；林玉辉和林岚的《美国图书馆领域数字资源长期保存实践进展》中也谈到国会图书馆的个人信息存档项目⑤。

1.2.2.2　国内档案学领域

我国传统的档案学研究以机构档案为主，尤其是政府机关的档案，个人档案处于边缘地位；电子档案时代，仍以政府电子档案为主，很少涉及个人电子档案。近年来，随着个人形成的数字文件越来越多，加上受国外档案学的影响，国内学者也开始关注个人数字文件的保存问题。

首先，2008 年，吴晓奕在"论个人电子文件的保护"一文中，介绍了个人电子文件的概念、研究意义和常见的个人电子文件类型，之后重点阐述了个人电子文件在保护过程中应注意的问题，并建议了个人电子文件的保护策略⑥。其提出的应注意的问题和保护策略非常实用易行，对个人有很好的指导意义。2012 年，张钟月也论述了"个人电子文件的长期保存"。她在文中指出，网络时代产生了大量的个人电子文件，如何长期保存此类文件是每个人必须面对的问题。该文通过数码照片、电子邮件和研究文献三个实例说明了个人电子文件

---

① 冯占双．基于机构仓储的学术知识共享机制研究［D］．大连理工大学，2009：3-5.

② 杨莎，叶建忠．学术信息交流的新途径［J］．图书情报工作，2007，51(3)：37-40.

③ 秦珂．开放存取自存档（self-archiving）的版权问题分析［J］．图书与情报，2008，152(1)：103-105.

④ 刘龙．美国国会图书馆指导公众开展个人数字信息保存的举措［J］．图书与情报，2015，159(01)：87-90.

⑤ 林玉辉，林岚．美国图书馆领域数字资源长期保存实践进展［J］．图书馆理论与实践，2015（11）：43-46.

⑥ 吴晓奕．论个人电子文件的保护［J］．科技情报开发与经济，2008，18(13)：146-148.

长期保存的重要性，并指出只要做好维护、存储和获取三个方面的工作就可以延长电子文件的使用寿命，达到长期保存的目的①。

之后，受国外档案界的影响，一些学者开始研究个人数字存档(Personal Digital Archiving)。如2013年，王方研究了"Personal Digital Archiving 的策略与技巧"(Personal Digital Archiving 在这里被译成了"个人数位典藏")，她在文中指出，如今我们的生活越来越数字化。家庭照片、音乐文件、视频片段以及医疗记录、书信等，甚至一些想法都通过电子形式来记录。这使得如何快捷访问并永久典藏这些个人数位信息与资源的问题也日益彰显。其文章探讨了Personal Digital Archiving 的策略与技巧，以期为人们长期保存个人的数字资产提供参考②。2014年，王海宁、丁家友在《对国外个人数字存档实践的思考——以 MyLifeBits 为例》中，介绍了国外个人数字存档的研究概况，并详细分析了 MyLifeBits 系统的开发及项目发起人 Gordon Bell 的个人数字存档实验。文章最后指出，"无论是从档案学学科发展还是社会文化创新的角度，我们都应当思考：是否应该抓住机遇，利用后发优势，从国外个人数字存档实践出发，对该领域的理论和实践进行进一步的探索，并积极推进我国相关方面的实践"③。周耀林、赵跃在《国外个人存档研究与实践进展》中，阐述了国外个人存档研究与实践的情况并归纳其特点，最后对国内的研究进行了展望。作者建议我国的个人存档研究与实践可从"引入传统档案学理论并结合图书与信息科学理论""提高公众个人存档意识以及档案工作者为公众服务的意识""利用云存储技术探寻新的个人存档服务方式"三方面展开④。在另一篇文章《个人存档研究热点与前沿的知识图谱分析》中，周耀林、赵跃还以 Web of Science 数据库中的文献为研究对象，对个人存档研究领域的代表人物及其代表文献、研究热点与研究前沿进行了可视化分析，最后对个人存档研究的现状进行了总结，对未来研究进行了展望⑤。

---

① 张钟月. 试论个人电子文件的长期保存[J]. 办公室业务，2012(23)：125.

② 王方. Personal Digital Archiving 的策略与技巧探讨[J]. 科技情报开发与经济，2013 (16)：121-123.

③ 王海宁，丁家友. 对国外个人数字存档实践的思考——以 MyLifeBits 为例[J]. 图书馆学研究，2014(6)：62.

④ 周耀林，赵跃. 国外个人数字存档研究与实践进展[J]. 档案学通讯，2014(3)：82.

⑤ 周耀林，赵跃. 个人存档研究热点与前沿的知识图谱分析[J]. 档案学研究，2014(3)：24.

此外，周耀林、赵跃还研究了"基于个人云存储服务的数字存档策略"，文中指出，"采用个人云存储产品实现个人数字存档能够降低存档成本、利于存档的集中管理并且存档安全性较高"。相关策略包括"数字档案的收集与归类""数字档案的鉴定""个人云存储产品的选择""数字档案的存储""数字档案的保管"几方面的内容①。仇壮丽等研究了"个人即时信息的归档保存"。作者认为，作为个人电子文件的一种，个人即时信息具有娱乐价值、研究价值和证据价值，并具有快速高效、简洁、互动、草根、芜杂等特点，其归档保存需要解决不同软件的信息互通、个人即时信息的科学筛选以及长期保存等问题。文章提出在提高归档意识的前提下，熟悉各种即时信息软件的运作机制，合理选择归档模式，建立个人即时信息长期归档保存系统等措施来实现个人即时信息的归档保存②。

最后，冯占江对个人数字遗产的保护问题进行了分析，其文中指出，我们即将迎来第一代网民离世的高潮，互联网用户的数字遗留问题将日趋突显，作为社会记忆构建、传承和保护者的档案部门有责任和义务对个人的数字遗产进行保护。文章从制度设计、系统构建和具体操作三个层面为档案部门构想了数字遗产保护的策略，并强调档案部门必须要改变观念，认识到个人数字遗产保护的重要性和意义所在，以适应时代的变迁和档案社会化的趋势③。周文泓则从社交媒体环境出发，提出了参与式的档案管理模式，在这种模式中，通过社交媒介工具，个人不仅可以参与到档案机构主导的对其馆藏档案的管理活动中，如添加标签、资源描述、内容补充等，还可以在档案机构及其他机构的指导和推动下，依托各种平台和技术，主动参与其自身所形成的档案的管理。其中，作者的论述重点是第二种参与，而这种参与正是个人数字存档的一种表现形式。作者指出，由每一个人来构建记忆，共同关联，是守护记忆、保护过去的最佳方式，而社交媒体提供了这样的平台，这意味着公众参与式的档案管理迎来了它的契机。同时，不容忽视的是，在整个过程中，档案工作者也发挥了

①　周耀林，赵跃. 基于个人云存储服务的数字存档策略研究 [J]. 图书馆建设，2014，240(6)：21.

②　仇壮丽，郑凡. 个人即时信息的归档保存 [J]. 广西质量监督导报，2014 (7)：39-40.

③　冯占江. 论个人数字遗产的保存 [J]. 云南档案，2014(4)：42-44.

重要的指导和推动作用①。

1.2.3 国内外研究评析

国内外个人数字文件保存研究的主要内容可归纳为表 1-1。与综述中的分类相同，表中国外的研究内容是按不同的研究视阈进行总结的，国内的研究内容则以学科领域为单位进行总结。

表 1-1　　　　　国内外个人数字文件保存研究的主要内容

	个人信息管理	数字记忆	档案学	交叉交流与综合
国外	个人的信息管理行为，尤其是存档行为，其中的问题及对个人数字存档服务、应用程序和存档机构的启示	个人数字存档系统，个人数字资料在其离世后的保存	档案机构如何应对个人数字文件保存挑战	如何将档案学理论和实践经验应用到个人信息的长期管理问题中；会议和文集对三种研究视阈的研究内容都有涉及，此外还有其他内容，如个人向机构知识库的自存档
国内	图书馆、情报学	档　案　学		
	个人向机构知识库的自存档	国外的研究和实践情况	个人保护其数字文件的一般方法与技巧	个人对特定文件(如个人即时消息)或以特定方式(如个人云存储)进行的保护	档案部门对个人数字遗产的保护，社交媒体环境中的参与式档案管理

从表中可以看出，国外有关个人数字文件保存的研究内容比较丰富，虽然各种研究要解决的问题都是个人数字文件的保存，但是具体到由谁来解决，即基于什么样的出发点，不同的研究间有所不同。有些研究是从服务及软件提供

---

① 周文泓. 社交媒体环境中的参与式档案管理模式探析[J]. 图书情报工作，2014（15）：116-122.

商的角度出发，思索要开发什么样的服务或软件来方便个人进行数字存档，比如，有关个人数字存档系统的研究，以及对个人数字资料在其离世后的保存的研究；有些是从档案机构的角度出发，探索档案机构要采取哪些措施来应对个人数字文件保存的挑战；还有些是从机构知识库的角度出发，研究这些知识库如何支持机构成员的自存档问题。至于一些基础性的研究，比如对个人的信息管理行为(尤其是存档行为)的研究，以及如何将档案学理论和实践经验应用到个人信息的长期管理问题中的研究，服务和软件提供商以及存档机构都可以参考并用于解决个人数字文件保存的挑战。

相对于国外来说，国内各领域的学者对个人数字文件保存的问题都不够重视，研究的内容较为单一，并且不够深入。其中，图书馆、情报学领域有关机构知识库的研究涉及到机构成员研究成果的自存档，然而多数学者更为关注的是这种知识库在学术知识共享与交流方面的作用和存在的问题，而非这些研究成果的保存。至于档案学领域，档案界学者对个人数字文件保存的研究也处于起步阶段，已有的研究主要是对国外理论和实践情况的介绍，或者是从个人的角度出发、向个人提供如何在日常生活中保护其数字文件的策略，缺乏从档案机构的角度出发、探讨档案机构如何应对个人数字文件保存挑战的研究。虽然最近的两篇有关个人数字遗产和社交媒体环境下参与式档案管理模式的研究论述到了档案机构的责任和作用，然而尚处于构想或理论构建阶段，进一步植根于我国档案机构工作实际的研究仍然严重匮乏。

1.3　研究内容

针对前文分析的我国档案学在个人数字文件保存研究上的缺陷，本书试图弥补这方面的不足，从档案馆的角度出发，探讨档案馆如何应对个人数字文件保存的挑战。本书研究的整体思路是"提出问题——分析问题——解决问题"。在提出问题之后，首先要对这一问题进行分析，包括理论基础上的分析和现实情况的分析，最后再基于这些分析提出对策。

全书共分为8个部分，其中，第1部分的内容是提出问题，通过分析选题背景，指出个人数字文件保存问题的重要性和紧迫性，然后通过分析国内外的研究现状，指出目前国内档案学对此问题研究上的不足，即缺乏从档案馆的角度出发、探讨档案馆如何保存个人数字文件的研究。而此角度的研究正是本书要进行的。

第 2 部分和第 3 部分是对问题的分析。其中，第 2 部分是理论上的分析，包括对相关概念的界定以及对相关理论的梳理，由于传统档案学研究的对象主要是政府、企业等机构档案，已有的概念和理论主要是基于机构的实践总结和提炼出来的，个人的情况会被忽视，所以从个人的情况出发，要对这些概念进行重新审视，对这些理论也要分析其能不能应用到个人领域当中；另外，在分析档案馆究竟应如何应对个人数字文件保存挑战之前，也要先分析一下我国档案馆参与个人数字文件保存的法律依据，即分析我国档案馆有没有资格来保存个人的数字文件。

第 3 部分是对现实情况的分析，这部分对全文来说非常关键，因为通过此部分的调查，能够了解到我国档案馆目前的个人数字文件保存工作状况及其中存在的问题，是后文解决问题部分的基础和出发点。这些问题共分为四个方面，包括观念上的问题、收集时间上的问题、管理方法上的问题以及对公众的教育指导上的问题。

第 4、5、6、7 部分分别是针对以上四个问题提出的解决方案。首先，第 4 部分是档案馆应对个人数字文件保存挑战的第一步，即改变观念，将分别从认识个人数字文件保存的重要性和重新思考个人档案收集中的困难和问题两方面提出具体做法。

第 5 部分是针对个人数字文件的收集及收集之前的准备工作的，提出档案馆要进行提前干预，认为这是数字时代档案馆保存个人数字文件的关键。本部分会对提前干预方法的含义、具体做法、相关实例进行分析，并在此基础上为我国的档案馆提出相关建议。

第 6 部分是针对个人数字文件进馆之后的管理工作，提出各档案馆要根据本馆的情况，因人而异，选择适合自己的个人数字档案管理方法。本部分将为不同类型的档案馆提供四种可选的路径，包括从物理媒介上的个人数字档案着手保管的路径、依托本馆数字仓储的路径、依托管理软件的路径和与其他机构合作的路径。

第 7 部分与第 5、6 部分相比是另一种思路，即第 5、6 部分针对的都是要接收到馆内保存的个人数字文件(第 5 部分是收集及收集前的准备，第 6 部分是进馆后的管理)，而第 7 部分是面向公众的教育指导，就是不接收到馆内保存，而是引导公众自身对其数字文件进行保存。本部分将会通过实例分析这种教育指导的具体做法。

最后，第 8 部分是对全书的总结，并对将来的研究进行展望。

全书的研究内容框架可用图 1-1 表示。

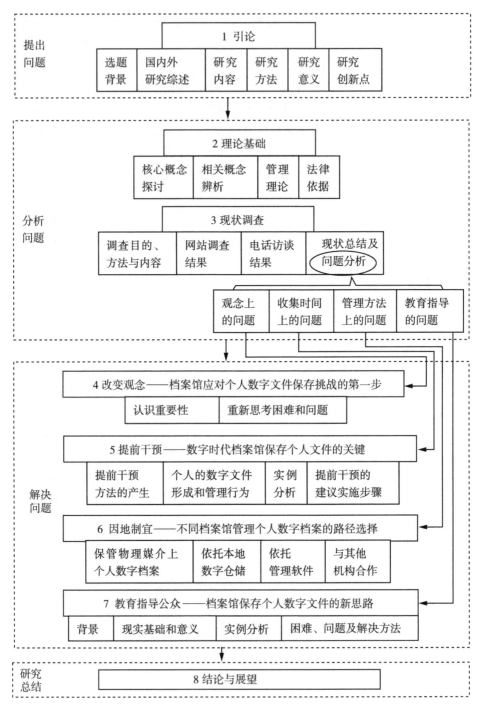

图 1-1　本书研究框架图

1.4 研究方法

本书主要的研究方法有以下几种：

一是文献调研，通过这种方法调研国内外的研究现状、国内外档案学理论中有关个人档案的理论、国内档案法律法规有关档案馆个人档案工作的规定、国内外的个人数字文件保存的实践经验等。

二是网络调查，通过在线调查全国 31 个省级综合档案馆的网站（辅以部分市级综合档案馆的网站，因为本书要调查的部分内容在少数省级综合档案馆网站中查找不到），初步了解各馆的个人档案工作情况、电子档案接收和数字档案馆的建设情况以及个人数字档案的工作情况。

三是电话访谈，对部分代表性的档案馆进行电话访谈，基于拟好的访谈提纲，深入了解其个人数字文件保存工作的情况、态度、未来打算及其他相关问题。本书共访谈到 16 家档案馆，其中综合档案馆有 11 家，高校档案馆有 3 家，另外还有两家企事业单位的档案室（1 家大型国企的档案室和 1 家大型科研院所的档案室）。

四是定性分析，运用归纳和演绎、分析与综合以及抽象与概括等方法，对文献的内容、个人数字文件的形成和管理的现实情况以及调查的结果进行思维加工，明确个人数字文件相关概念的涵义、档案馆保存个人数字文件的必要性与意义、我国档案馆个人数字档案保存工作中的问题等。

五是实例分析，实例可用来证明理论，也可用来帮助理解理论。本书在为档案馆提供应对个人数字文件保存挑战的对策时引用了一些实例，它们都是国内外已有的优秀实践，这些实例能够生动地阐释本书提供的对策的内涵或者验证这些对策的可行性。同时，通过对这些实例中的先进经验进行归纳总结，能够为我国档案馆的相关实践提供借鉴。

1.5 研究意义

1.5.1 理论意义

首先，从档案学的角度研究个人数字文件保存，是对个人数字文件保存研究的丰富和发展。

针对个人数字文件保存的研究，国外是从 20 世纪 80 年代就开始的，国内则是近几年才刚刚开始。然而，无论是国外还是国内的研究，其主要研究力量及研究成果都是来自个人信息管理、人机交互、计算机科学、图书馆等领域，档案界对此问题的研究相对较少。然而，随着研究的深入，学者们发现个人数字文件的保存与档案界有着紧密的联系，其他领域的学者需要与档案界人士合作，应用档案界的理论与工作方法来应对个人数字文件保存的挑战。因而，从档案学的角度出发，把档案学的理论引入个人数字文件保存的研究，将会丰富和发展有关本论题的研究。

其次，本书对个人数字文件保存相关基础理论的探索和梳理，能够充实我国个人数字文件保存领域的理论研究，希望能够抛砖引玉，启发更多学者的思考。

国外较早研究个人数字文件保存的档案界人士是澳大利亚的档案工作者Adrian Cunningham，他在 1994 年发表了第一篇相关论文。至今，国外档案界在个人数字文件保存的研究上已积累了不少理论成果。而我国档案界对个人数字文件保存的研究只是刚刚起步，且多是对国外经验的介绍。一些基础理论问题，如个人数字文件的含义及与相关概念的辨析、个人数字文件的管理理论等，都还缺乏深入研究。本书对这些问题进行了初步探讨，希望能够抛砖引玉，启发更多学者在这方面的思考。

最后，对个人数字文件保存的研究，也是对我国个人档案研究领域的扩充。

个人数字文件，作为个人文件的下位概念，可以纳入个人档案研究领域。该领域在国内外传统的档案学中都是一直被忽略的领域，个人私有的文件处于被边缘化的状态。在国外，从现代档案学理论的奠基之作——1898 年荷兰手册起，到希拉里·詹金逊、西奥多·谢林伯格等，许多档案名著或名家都认为个人形成和保管的文件集不属于"档案"，而更适合被称作私人手稿。这些早期观念一直影响至今。用一位加拿大档案工作者的话说，在档案学理论的大家族中，个人的档案一直是政府档案的"可怜表弟"①。在我国，个人档案也备受冷落。由于历史原因，个人档案是从 20 世纪 80 年代后期才开始被研究。我国对个人文件的研究起步较晚，研究也较为薄弱、不成系统。因而，对个人数字文件保存的研究，能够扩大我国私人档案的研究范围并充实其研究内容。

---

① Robert Fisher. In Search of a Theory of Private Archives: The Foundational Writings of Jenkinson and Schellenberg Revisited [J]. Archivaria, 2009 (67): 2.

1.5.2 现实意义

本书在研究过程中将会对一些档案馆网站进行在线调查，并对部分档案馆进行电话访谈，了解档案馆对个人数字文件的收集、管理情况以及对公众的教育指导情况，比如档案馆是否收集个人数字文件、收集后如何管理、收集及管理中的问题、尚未收集的档案馆是否打算收集、档案馆是否已对公众开展数字文件保存方面的教育指导、教育指导的方式等。然后，针对调查结果所反映出的档案馆个人数字文件保存工作中的问题，提出改进意见和建议。

因此，本书研究的现实意义一方面在于该研究会了解到我国档案馆在个人数字文件保存方面的实践情况，这些情况由于在以往的调查中未被涉及，因而对于档案实践部门(尤其是相关决策者)来说是有一定参考价值的(有学者调查了档案馆的名人档案工作情况，但未涉及名人数字档案的工作情况，也未涉及普通人数字档案的工作情况)；另一方面，本书会尝试结合我国的情况与国外的优秀实践经验，为档案馆提供一些应对个人数字文件保存挑战的对策，鉴于我国大多档案馆目前尚未全面开展个人数字文件保存工作的情况，这些对策对其将来的个人数字文件保存实践来说，具备一定的借鉴价值。

1.6 研究创新点

本书的创新之处主要在于：

第一，从档案馆的角度出发，探讨了档案馆如何应对个人数字文件保存的挑战。目前这一论题是国内档案界较少涉及的领域，以往的关于个人数字文件的研究着重从个人的角度出发，分析个人如何管理保存其数字文件；而从档案馆的角度出发进行的研究又主要针对私人档案或个人档案，而非个人数字档案。因而本书的研究将能弥补国内档案学研究在这方面的不足。

第二，从个人的情况出发，对一些传统的档案学概念进行了重新探讨。传统档案学的一些基本概念的涵义，比如文件、档案的涵义，主要是根据政府、企业等机构的实践所概况总结出来的，如果仔细推敲，个人的一些材料并不能被这些涵义所解释。因而，本书在国内外学者对这些概念的各种定义的基础上，又从个人的情况出发，对这些概念的涵义进行了探讨。

第三，对我国档案馆的个人数字文件保存工作现状进行了调查。目前国内已有的调查只有针对档案馆的名人档案工作现状的，而且这里的名人档案主要是指纸质档案，尚无针对档案馆的"个人(包括名人和普通人)数字文件保存"

工作现状的调查。本书通过对全国 31 个省级综合档案馆网站的调查以及对部分档案馆的电话访谈，了解到了国内档案馆在个人数字文件保存方面的工作现状和问题，为相关对策的提出奠定了基础。

第四，为档案馆提供了应对个人数字文件保存挑战的创新性方案。一方面，这些方案是基于前期现状调查中总结出的问题所提出的，是有针对性的、有我国档案馆特色的解决方案；另一方面，这些方案是相互关联与配合的一整套对策，为我国档案馆的个人数字文件保存工作提供了一个整体的方法体系。

2 理 论 基 础

在探讨档案馆要如何应对个人数字文件的保存挑战之前，首先需要界定要保存的这些文件究竟是什么、都包括哪些内容；然后，还要分析个人数字文件保存方面的已有理论，为后文提出的对策奠定基础。此外，鉴于不是所有国家的档案馆都有保管个人档案的义务，这里也要对我国档案馆参与个人数字文件保存的法律依据进行分析。

2.1 核心概念探讨

2.1.1 文件

"文件"一词含义众多，仅在档案学领域之内，有关其含义的解释就有众多版本。其中，有狭义的文件和广义的文件以及小文件和大文件之分。

1. 狭义的文件和广义的文件

吴宝康、冯子直在1994年的《档案学词典中》指出，狭义的文件"仅指法定机关、团体、企事业单位等形成的具有完整体式和处理程序的公文"，而广义的文件是指"组织或个人为处理事务而制作的记录有信息的一切材料"①。2000年国家档案局出台的档案行业标准《档案工作基本术语》中进一步对这一广义文件概念进行了界定，即"国家机构、社会组织或个人在履行其法定职责或处理事务过程中形成的各种形式的信息记录"②，其含义整体上与1994年版的广义文件概念大致相同，但是用词更为精准，下文在论述时即以这种界定作为广义的文件定义。从狭义文件和广义文件的定义中可以看出，两者的区别一方面在于形成主体范围的大小，进而影响到文件范围的大小；另一方面在于文件的形式，从具有完整体式和处理程序的公文扩大到了各种形式的信息记录。

---

① 吴宝康，冯子直. 档案学词典［K］. 上海：上海辞书出版社，1994：95.
② 档案工作基本术语［S］. DA/T 1-2000：46.

对于本书来说，由于研究的是个人数字文件保存，因而在狭义的和广义的文件之间，本书应当使用的是广义的文件概念。问题是，虽然这一概念考虑到了个人的情况，将"个人"纳入到了文件形成主体之中，但如果仔细分析个人的文件形成活动，一些地方仍有待商榷，关键就在于"履行法定职责或处理事务"上，个人的所有信息记录都是在其"履行法定职责或处理事务"的过程中形成的吗？就"履行法定职责"而言，个人的确有一些信息记录是在其履行法定职责时形成的，这时的个人一般是某个国家机构或社会组织的成员，但却形成了一些可以不归国家机构或社会组织所有而归自身所有的文件①。然而这种工作上的文件只占个人文件中的一部分，个人还有很多文件是在其履行法定职责之外，尤其是在日常生活中形成的，对于这部分文件，用"处理事务"来概括似乎不够全面。比如，个人所写的日记或所拍的日常照片，将其归为个人在处理事务过程中形成的有些牵强。

其实，广义文件最初的定义中不止有处理事务：1986年陈兆祦给文件的定义是"人们在社会活动中，为了相互联系、记载事物、处理事务、表达意志、交流情况而制作的记录材料"②；1993年出版的《中国大百科全书·图书馆学情报学档案学》为文件下的定义是："国家机关、社会组织、企事业单位或个人在社会活动中为处理事务、交流信息而使用的各种载体的文字、图表、声像等记录材料"③；到了1994年出版的《档案学词典》中才将广义的文件定义为"组织或个人为处理事务而制作的记录有信息的一切材料"④；1999年出版的《辞海》又将文件定义为"组织或个人为履行法定职责或处理事务而制作的记录有信息的一切材料"⑤；2000年，中华人民共和国档案行业标准《档案工作基本术语》将文件正式定义为"国家机关、社会组织或个人在履行其法定职责或处理事务过程中形成的各种形式的信息记录"。可见，从"为了相互联系、记载事物、处理事务、表达意志、交流情况"到"为处理事务、交流信

---

①　比如，高校教师的讲义、课件是教师在履行其法定职责时形成的，但却可以归为己有。其实，关于这种涉及工作的文件究竟属于机构或组织还是个人，不少学者表示难以界定，个人文件与机构或组织文件之间的界限越来越模糊，很多情况下难以绝对划分。

②　陈兆祦. 在山西省直和太原市机关企事业单位档案干部大会上的学术报告[J]. 山西档案，1986(3)：3-13.

③　中国大百科全书出版社编辑部. 图书馆学情报学档案学[M]. 北京：中国大百科全书出版社，1993：460.

④　吴宝康，冯子直. 档案学词典[K]. 上海：上海辞书出版社，1994：95-96.

⑤　夏征农. 辞海[K]. 上海：上海辞书出版社，1999：4142.

息",再到"为处理事务",文件定义中对文件形成目的的描述不断在简化。第二个定义将"相互联系"和"交流情况"合并为"交流信息",但是略去了"记载事物""表达意志"的目的。第三个定义直接简化为"处理事务",其用意是要将文件形成的各种目的都归于"处理事务"之下,还是舍弃了"交流信息""记载事物"和"表达意志"的目的,我们不得而知。如果是第一种情况,未免有些牵强;如果是第二种情况,又显得概括不太全面,忽略了"日记、日常照片"等文件的形成情况,根据这一定义我们难以确定日记、日常照片等算不算文件①。接下来的定义沿袭了这种简化的表述,只不过添加了"履行法定职责",其实可以理解为把"处理事务"细分成了处理法定事务和处理一般事务。最后档案行业标准中的定义也是"履行法定职责"和"处理事务",但是换了种表述方式,不再把这二者作为文件形成目的,而是说"在履行法定职责或处理事务过程中",然而,很明显,即使是这种说法,用来描述日记、日常照片的形成仍然不太恰当。

国外的定义同样有不足之处,国外档案学的概念中与我国的"文件"密切相关的有两个:document 和 record。国外档案学者对 document 的解释是"固定在某种媒介上的信息或数据"②,其含义似乎更接近"记录"("文件"的上位概念),而非"文件"。至于 record,影响很广的国际知名项目 InterPARES 对它的界定是:"在活动过程中形成(生成或者收到)的 document,它是该活动执行的工具或伴生物,并被搁置起来以备活动执行或参考"③。其中,将"被搁置起来以备活动执行或参考"添加到 record 含义中的做法源于国外档案管理的实践,与我国的情况有所不同,后文将会详细分析,此处,单就该概念的前半部分来看,其含义与我国的广义"文件"概念十分相似:

①在活动过程中形成(生成或者收到)的 document,它是该活动执行的工具或伴生物(record 定义的前半部分)。

②国家机构、社会组织或个人在履行其法定职责或处理事务过程中形成的

---

① 国家机构和社会组织的会议记录也一样,就其算不算文件的问题,档案学者们进行过不少争论,见:陈兆祦. 文件能包含档案吗?——兼评《档案定义应以文件为属概念》[J]. 浙江档案,2007(1):6-9;潘连根,刘东斌. 关于"大文件"概念的辨析[J]. 档案管理,2008(5):4-10.

② Pearce-Moses R. A Glossary of Archival and Records Terminology [M]. Chicago:The society of American Archivists,2005:126-127.

③ The InterPARES Project Terminology Database [DB/OL]. [2015-12-31]. http://www.interpares.org/ip3/ip3_terminology_db.cfm.

各种形式的信息记录(我国的广义文件定义)。

其中,国外的定义中省略了文件形成者,这点区别可以忽略不计,因为在档案学语境下,文件形成主体通常就是国家机构、社会组织或个人三种,可以不必特别说明;此外,国内定义中的"履行其法定事务或处理事务"在这里变成了"活动",该词比"履行其法定事务或处理事务"涵盖面更广;"工具或伴生物"其实是对"活动过程中形成"的注解,在过程中形成的信息记录,或者是工具,或者是伴生物。鉴于"活动"一词的包容性和后面注解的增色,此定义乍看似乎可以借鉴过来作为改良后的"文件"定义,然而仔细推敲,仍有很多情况不能在这一定义中得到解释。比如,科研工作者的论文,不管是初稿还是定稿,都应当是科研活动的"成果"而非"工具或伴生物";此外还有日记、日常照片等,它们非但不是工具或伴生物,说成果也不太恰当,它们似乎本身就是活动的目的。

除了 InterPARES 项目之外,文件管理国际标准 ISO 30300:2011① 中也对 records(国内译为文件)进行了界定。该定义是:"由组织或个人在履行其法定义务或开展业务活动过程中形成、收到并维护的作为证据和资产的信息"②,其中,"形成、收到并维护"加上"作为证据和资产的信息"也说明 records 不单指"现行"的文件,而是跨越了其全生命期。"作为证据和资产"其实和 InterPARES 中的"搁置以备参考"有相似之处,就是说 records 不是指任何记录/信息,而是指其中有价值的那些。在该定义中,records 的来源渠道限于"履行其法定义务或开展业务活动过程中形成、收到并维护",因而也难以较好地解释个人的一些日常文件。

造成这种结果的原因就是无论国内还是国外,档案学的研究都是主要基于政府、企业等机构的实践,尤其是政府的实践,因为这些机构的文件/档案才是档案机构重点管理的对象。相比之下,个人的情况被档案学界考虑地较少,尤其是非工作环境中的个人的情况。其实,个人的很多文件都不是用来处理事务的;个人在日常生活中的很多活动也不同于机构的业务活动;个人常常进行

---

① 该标准的全称为《ISO 30300:2011 Information and Documentation-Management systems for records-Fundamentals and vocabulary》,即《ISO 30300:2011 信息与文献 文件管理体系:基础与术语》。见:ISO 30300:2011 Information and documentation-Management systems for records-Fundamentals and vocabulary[S]. Geneva:International Organization for Standardization,2011.

② 安小米,孙舒扬,白文琳. ISO/TC46/SC11 国际标准中 records 与 archives 术语的正确理解及翻译[J]. 档案学通讯,2016(4):62-66.

一些研习或记录生活的活动，产生一些不属于工具或伴生物的文件，比如读书笔记、论文初稿定稿、日记、日常照片或视频，这些都更适于归为活动的成果或目的。

这是一个有待讨论和值得深思的问题，随着社会的不断发展，档案学研究的范围和深度也在逐渐拓展，原有的概念定义可能会出现难以涵盖新生事物和新现象的情况，这就需要我们跟上时代潮流，作出新的解释。

在参考国内外各种相关定义的基础上，本书暂将文件定义如下："国家机构、社会组织或个人在活动中形成(制成或者收到)的各种形式的信息记录，它们可以是活动的工具或伴生物，也可以是活动的成果或目的。"这里用"活动"代替了"履行法定职责或处理事务"，可以是公务、商务、私务等各种活动，包容性更强，能够解释各种文件的形成情况；以个人的文件为例，论文的电子初稿定稿、各种电子表格等是科研活动中形成的信息记录，电脑上的音乐和电影文件等是在娱乐活动中形成的信息记录，信件、手机短信、E-mail及微信、QQ等平台上的消息是社交活动中形成的信息记录，而纸质和电子日记及日常照片等则是记录生活的活动中形成的信息记录(活动本身的目的就是为了记录，而非科研、娱乐、社交等，这种信息记录本身是就是目的，而非工具、伴生物或成果，可以说，这是一类特殊的文件)。

当然，鉴于文件这一概念的多义性和内涵上的复杂性，本书提出的观点也只是一家之言。虽然概念本来只是"通过抽象化的方式从一群事物中提取出来的反映其共同特性的思维单位"[①]，但是，当这群事物数量太大、种类太多时，要从其中提取共同特性就绝非易事了。本书对文件这一概念的解释可能也有纰漏之处，然而作为从个人的情况出发所做的解释，能在一定程度上将个人的各种记录反映到这一概念中，而且作为全书研究的基础，此处对文件一词的这种界定基本上能够涵盖下文要研究的各种对象，从而方便了下文的论述。

2. 小文件和大文件

学者们对小文件和大文件的争议主要围绕文件生命周期展开，即文件这一概念究竟仅指其现行阶段还是应该贯穿其从生成到销毁或永久保存的整个生命周期。

其中，"大文件"概念是在20世纪80年代引入西方文件生命周期理论之后提出的，其含义是"文件"不仅仅指现行文件，也指半现行文件(如果认可该概念的话)和非现行文件，即"文件"是指在其整个运动过程中(从文件的形成

---

① 德国工业标准2342中对"概念"一词的定义。

到销毁或永久保存)不论其价值形态如何的各种记录材料①。"大文件"的概念出现之后，传统上把文件作为现行文件的文件概念就成了"小文件"。

有学者指出，"'大文件'概念的提出并不是为了确定某类事物限定其范围的，实际是作为理论理念而提出来的，它表述的并非是'文件'的概念，而是一种文件理论概念"②。文件究竟是仅指现行文件还是指贯穿了整个生命周期的文件这两点是从传统的文件定义(无论是狭义的还是广义的)中看不出来的，大小文件与狭义的和广义的文件之间有着本质的不同。

由于本书的研究对象不仅是对存档前文件的管理，还包括对存档后文件的管理，因而采用"大文件"的概念，即认为文件是贯穿整个生命周期的文件。其实，国外文件生命周期理论中的文件指的是"record"，即"在活动过程中形成(生成或收到)的记录，它是该活动的工具或伴生物，并被搁置(set aside)起来以备活动执行和参考"。前文已对该定义的前半部分进行了分析，这里着重分析后半部分。其中，"搁置"是指"宣布(declare)"一份记录成为"record"(或者说建立起与其他 record 的历史联系)。以机关的情况为例，对一份记录的"搁置"可以通过给其分配分类号或登记号来完成；经搁置产生的 record 既要用于活动执行，也要用于将来参考，即其贯穿了现行、半现行和非现行三个阶段。这种描述是植根于国外文档一体化的管理实践的，即活动执行和参考要用的记录一经形成就被搁置起来，成为 record，其生命周期是从搁置开始直至被销毁或永久保存，而档案部门的管理活动从记录形成之刻就已开始。就这点而言，我国传统的档案学概念中其实并没有一词与之完全对应。因此，关于其译法，学者们的看法五花八门，有"文件""档案""记录"等等③。其中，"文件"的译法出现地最早，也最为广大学者接受。本书也将 record 对应于文件，理由是：首先，前面已经说明过，我国的文件概念与 record 的前半部分非常接近；至于文件与 record 后半部分的关系，本书认为，我国的文件也可以是贯穿整个生命周期的文件，因为该文件的定义只说明了其是各种活动中形成的各种形式

---

① 陈兆祦. 再论档案的定义——兼论文件的定义和运动周期问题[J]. 档案学通讯，1987(2)：23-27.

② 潘连根，刘东斌. 关于"大文件"概念的辨析[J]. 档案管理，2008(5)：4-10.

③ 王岚. 文件还是档案？——为 records 正名[J]. 档案学研究，2009(5)：13-16；王岚. 文件管理还是档案管理？——Records Management 正义[J]. 档案学研究，2010(5)：23-29；王良城. 从文化视角看 RECORDS 概念的界定[J]. 档案学研究，2012(1)：21-25；宋群豹. 再谈 Record 的翻译之争：文件或档案外的第三种可能[J]. 档案学通讯，2014(4)：31-34.

的记录，并没有说明这些记录只能是正在发挥现行效用的记录，发挥完现行效用、保存备查之后它们本质上仍然是各种活动中形成的各种形式的记录，因而就生命周期而言，record 和文件可以大致对应起来。两者最大的区别可能在于：国外在搁置的时候会筛选掉一些文件，保留重要的文件成为 record，而我们的文件指的是所有的文件。这就是国外文档一体化管理的意义所在，我们的实践还没有到这一步，因此难以强求概念上的完全一致。相对于其他译法而言，文件应该是既照顾到含义上与 record 的对应性又符合人们一直以来的认知习惯的最好选择。文件管理一系列国际标准的主要参与者安小米也曾指出，records 译成文件更利于 records 的前端控制和全程管理①，这也是本书选择文件为研究对象并认为其是贯穿整个生命周期的文件的重要原因。

3. 文件和档案

鉴于"文件"和"档案"之间的密切联系，尤其是"大文件"概念出现之后学者们就"文件能不能包含档案"（即文件是档案的属概念）等问题所展开的热烈的探讨②，在这里也有必要就此问题阐述一下本书的观点。

同"文件"一样，在"档案"的定义问题上档案学者之间也一直存在着争议，其中比较传统主流的定义是"档案是国家机构、社会组织和个人在社会活动中形成的，保存备查的文字、图象、声音及其他各种形式的原始记录"③。按照此定义，"档案"的含义只比"文件"多了一项"保存备查"，因而，可以认为档案就是文件中被挑选出来存档的一部分。因此，从外延上看，可以说"文件包含了档案"，但需要注意的是，"档案"是一个集合性术语④，"保存备查"意味

---

① 安小米，孙舒扬，白文琳. ISO/TC46/SC11 国际标准中 records 与 archives 术语的正确理解及翻译[J]. 档案学通讯，2016(4)：62-66.

② 详见：陈兆祦. 再论档案的定义——兼论文件的定义和运动周期问题[J]. 档案学通讯，1987(2)：23-27；陈兆祦. 谈谈"文件论"[J]. 档案管理，2004(3)：8-11；陈兆祦. 文件能包含档案吗？——兼评《档案定义应以文件为属概念》[J]. 浙江档案，2007(1)：6-9；何嘉荪. 文件生命周期理论完全适用于中国——与王茂跃等同志商榷[J]. 山西档案，1998(5)：14-17；何嘉荪，蓋书芹. 应该如何看待中外"文件""档案"概念的不同——再论文件生命周期理论完全适用于中国[J]. 浙江档案，1998(11)：23-25；王茂跃. 关于大文件概念的一些思考[J]. 档案管理，2007(6)：16-18；王茂跃. 关于大文件概念的再思考[J]. 档案管理，2009(1)：28-31；潘连根，刘东斌. 关于"大文件"概念的辨析[J]. 档案管理，2008(5)：4-10.

③ 吴宝康. 档案学概论[M]. 北京：中国人民大学出版社，1988：32.

④ 王英玮，熊朗宇. 论文件、记录和档案的术语含义及其生命周期[J]. 档案学通讯，2015，06：4-7.

着要先对文件进行甄别并挑选出有价值的一部分，经整理之后再保存备查。
"档案"是这些经鉴定、整理之后的文件的有机整体，二者的关系可用图 2-1
表示。

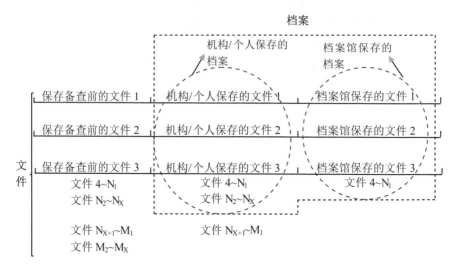

图 2-1　文件与档案的关系

　　其中，文件中的一部分被挑选出来保存(没有被保存的文件可能仍然存在
较长时间，甚至到个人离世后，即图中的文件 $N_{x+1} \sim M_1$；也可能很早就丢失、
损毁或被销毁，即图中的文件 $M_2 \sim M_x$)。要保存的文件一般是先被文件形成
者(机构/个人)挑选出来保存，即图中的文件 1 直到文件 N_x 的部分。之后有可
能被移交(主要是机构的文件)或被收集(主要是个人的文件)到档案馆保存，
即图中的文件 1 到文件 N_1；也有可能一直由文件形成者保存，即图中的文件
$N_2 \sim N_x$。被机构/个人保存的文件的整体是机构/个人保存的档案，而被档案
馆保存的文件的整体叫档案馆保存的档案。文件本身其实一直没发生变化。比
如文件 1，保存备查前的文件 1、机构/个人保存的文件 1 和档案馆保存的文件
1 其实指的是同一事物，这三者只不过是同一事物处于不同的时空下。文件和
档案各有自己的生命周期(其中档案的形成是通过将文件保存备查来实现的)，
但又相互交叉(档案是由文件中的一部分组成的)。
　　需要重点说明的是，这里的"档案"指的是保存备查的文件，即经过了主
观选择保留下来的文件。这种档案观念其实是基于相关机构的文件管理实践所
产生的，尤其是政府机关的文件管理实践，在政府机关的环境下，文件管理有

固定的程序，需要归档的文件会按时归档，归档之后形成的档案即是档案室档案馆等部门的管理对象。有学者认为，"保存备查"不应成为"档案"形成的标志，判定一份记录是不是"档案"的依据应是该记录自身的性质（如原始记录性），具有这些性质的记录即使未被保存，也可以称作档案①。这种观点有一定道理，但是传统主流的"档案"定义仍是把"保存备查"作为档案形成标志的，这是因为：一方面，从现实的角度考虑，我国的档案管理工作就是以保存备查后的记录为管理对象的，基于这种实践，我国档案学研究的重心就是档案机构（包括档案室和档案馆）如何收集、鉴定、整理、保管这些记录并提供利用，这种"档案"定义适应了档案管理工作的需要；而且，目前世界上大多数国家都认可"档案是人们按照一定规律有意识保存下来的文件有机整体"②，其实也都是基于本国档案管理工作实践总结出来的，从这一点上看各国对"档案"含义的认识是一致的；另一方面，认为档案的特性是原始记录性的观点只把原稿等记录当作档案，而把文件作为档案的复制件，是办事工具。这种文件概念其实指的主要是机关的具有完整体式和处理程序的公文，即狭义的文件。至于本书，前面所界定的"文件"概念已经特意消除了文件的办事工具属性，而是将其定义为"国家机构、社会组织或个人在活动过程中或者作为活动的成果或目的而形成（制成或者收到）的各种形式的信息记录"，也就是说文件本质上就是记录，既包括原稿，也包括正式印发的文件，而不单单是后者，况且，对于收文机关来说，后者也具有原始记录性，因此，可以说很多文件也都是有原始记录性的，原始记录性并不能成为"档案"的本质，有原始记录性的文件很多（在当今信息大爆炸的社会尤其如此），但只有人们从中挑选出来的有价值的并保存备查的一部分才构成"档案"，这种档案的形成及其管理才是我国档案学重点研究的对象。

　　具体到个人的环境中，个人对其文件的保存备查不像机关的归档那样有规范的操作程序，而是比较随意的，存档的时间不固定，对要保存的文件可能不会进行系统的整理，文件也常常没有一个集中存放的地方。但即使是这样，个人对其文件仍有一定形式的保存，因为一般每个人都会有一些重要的文件，为防止丢失、损毁并方便将来的使用，个人都会采取一定形式进行保存，纵然是杂乱无章地存放，至少个人自身是知道他需要的文件都在哪或者怎么能找到；

---

① 刘东斌. 档案本质属性新论[J]. 档案管理，2001(3)：10-11.
② 何嘉荪. 从世界范围研究文件与档案的本质区别——从电子文件的网络实时归档说起[J]. 北京档案，2000(7)：15-18.

完全不知道自身的重要文件存放在哪里的是极少数①。被保存的文件的整体叫做该个人的档案，是保存在个人手中的档案，目前档案馆介入收集个人档案通常是在个人即将退休/离世时甚至是在其离世之后，然而鉴于数字时代文件的不易保存性，本书要重点研究的一个内容就是档案馆如何在文件形成之初就开始介入，指导个人的文件管理活动，并在合适的时机对个人的文件进行收集。如果按照这种工作模式，未来文件被保存在个人手中的阶段将会有所缩短。

最后需要指出的是，鉴于以上对"文件"的含义及其与"档案"关系的分析，本书在有些地方将个人归档保存之后的以及进馆之后的记录也称为文件，但如果要强调是这些文件的整体时仍用档案一词。

2.1.2 数字文件

本书所说的数字文件是指利用数字设备或模数转换设备生成、传送和维护的、以二进制代码形式存在的文件②。目前该词在现有的著述中较少出现，常被拿来与电子文件一词混用。有学者专门讨论了两者的区别，认为电子文件的外延要大于数字文件，数字文件只是电子文件的一种，"二者是从不同的技术角度出发定义的。前者是基于物理学的电子理论，一些设备的运转需要电子运动（电流），如电子计算机、录音机、录像机等，电子文件就是通过这些电子设备产生的文件。不过，习惯上，人们认为电子文件专指电子计算机产生的文件。'数字文件'是基于计算机科学，计算机处理的都是二进制代码 0 和 1 表示的数字信息，数字文件最初指的就是数字计算机产生的文件；不过随着数字技术的发展，智能手机、数码相机、数码摄像机等数字设备产生的文件都可称为数字文件。"③

还有一些学者指出，"从出现时间上看，'电子文件'早于'数字文件'，很长时间内二者的含义是相同的，都是指通过计算机生成的文件，不同的称谓只是出于习惯不同，多数国家大多数人使用'电子文件'。加拿大的学者常用'数字文件'一词。如今看来，随着技术的发展，人类进入数字时代，'数字文件'的含义也不断扩展，这种称谓更符合数字设备和数字技术占绝对统治地位的时代特征，并能够更好地揭示文件的组织形式。"④

---

① 关于个人的文件保管方式，见 5.2 节个人的数字文件形成和管理行为。
② 李雯. 企业数字文件的形成及其管理研究[D]. 武汉：武汉大学，2013：3.
③ 邵成林. 电子文件与数字档案之辨析[J]. 四川档案，2006(3)：4-5.
④ 张照余. 电子文件与相关概念的辨析[J]. 机电兵船档案，2009(1)：49.

笔者认同电子文件的外延大于数字文件的观点①，并倾向于使用数字文件以更精确地描述本书的研究对象。但是，不可否认，很长一段时间内，人们的确约定俗成地认为电子文件就是电子计算机上产生的文件，数字文件也是指数字计算机上产生的文件，因而常将二者混用。鉴于此，本书将在论述中主要使用数字文件一词，但如果在引用他人论述或对前人的研究进行描述时要用到电子文件，除非特别说明，都将默认为与数字文件含义相同。

2.1.3 个人数字文件

"个人数字文件"界定的关键在于厘清究竟哪些数字文件是属于个人的，也即本书要研究的保存对象究竟是什么。很多个人不仅仅是单独的个体，还同时是供职于某个机构的成员，这种情况下其所形成的文件是个人的还是机构的？还有种情况是很多机构也持有一些关于个人的信息，这些算不算个人数字文件？

对于这些问题，国外的档案学者在研究个人数字存档②时已经进行了一些思索并作出了解答。这里可以借鉴他们的观点：

Jeff Ubois，麦克阿瑟基金会项目主管，曾是个人数字存档领域的跨专业研讨会——个人数字存档会议前三届会议的组织和召集者，认为个人数字存档的对象是"个人而非机构生成、收集和保管的数字材料"③。

Amber L. Cushing，北卡罗来纳大学教堂山分校图书情报学院博士、都柏林大学学院信息通信学院副教授，专攻个人数字存档，指出个人数字存档的对象是"个人存储和维护并受个人控制的各项数字记录"④。

Neil Beagrie，国际知名的数字保存专家，本领域重要研究项目数字人生

---

① 即使如今的数字设备早已不止数字计算机一种，这种观点依然成立，因为智能手机、数码相机、数码摄像机等数字设备也都属于电子设备，但并非所有的电子设备都是数字设备。

② 前文已经提到过，这是国外的一个研究领域，英文为 personal digital archiving，大致相当于个人数字文件的长期保存，存档者主要是指个人，但档案机构若要参与这种长期保存，其保存对象与个人作为存档者时的对象是一样的，因此可以借鉴这方面专家的观点。

③ Ubois J. Personal digital archiving: what they are, what they could be and why they matter [M]// Hawkins T D. Personal Archiving: Preserving Our Digital Heritage. New Jersey: Information Today, 2013: 1-9.

④ Cushing L A. Highlighting the archives perspective in the personal digital archiving discussion [J]. Library Hi tech, 2010, 28(2): 310-312.

(Digital Lives)项目的首席研究员，其对个人数字存档对象的描述更为详尽：
"人们生成和获取了越来越多的关于自己和服务于自己的数字信息……个人数字汇集(personal digital collections)一词在这里是指个人积累和维护的日常使用的、多种多样的和不断扩大的个人数字材料集。它注重个人所维护和积累的，而排除政府持有的关于个人的信息(比如人口普查文件)或第三方生成和维护的对个人工作的述评。"①Neil 进一步指出，个人数字汇集可能一部分是包含个人简历、日记、笔记、录音录像等材料的日常档案馆；一部分是囊括了外界生成的文章、PPT、音乐、视频和专著的图书馆；还可以是工作文件、家庭照片等其他材料。这类材料也是由个人生成或收集，并由个人保管，但由于涉及到同事、家人等，常用来与其分享。

Evan Carroll，商业服务网站 Digital Beyond(向人们提供数字遗产处置、纪念逝去亲友的网络空间等服务)创始人，在文章中将个人数字存档的对象描述为"包含家庭纪念品、信件及其他类似材料的个人数字汇集(personal digital collections)"②。用词与 Neil 相同，即都是个人数字汇集(personal digital collections)，只不过这种商业服务更关注家庭照片或录像、信件等能触发亲友记忆的材料，因为要向亲友提供纪念工具。另外，帮人们在其离世后处理并保存数字遗产的服务不注重从内容上界定个人的数字材料，即都包括哪些材料，而是从媒介上，即是哪些媒介上的个人数字材料，是个人电脑、移动硬盘上的还是社交媒介网站、云存储服务上的，等等。

可以看出，尽管表述不同，但是国外档案学者们所指的存档对象是基本相同的，其特征可总结为：一是既包括个人生成的数字材料，也包括个人收集的数字材料；二是由个人而非机构保管。本书所要研究的保存对象与此相同，不管是个人生成的还是收集的数字文件，只要是在个人保管或控制下的，都在本书的研究范围之内。一些机构可能也持有一部分个人的信息，它们属于机构文件，不是本书的研究对象；个人在合法的前提下也可持有一些工作上的文件，是个人可以支配而不必由机构归档保存的，这些可以属于个人数字文件。

值得注意的是，档案机构在为某个人物建档时，不仅会收集个人的数字文

---

① Beagrie N. Plenty of room at the bottom? Personal digital libraries and collections [J]. Dlib Magazine, 2005, 11(6)：1.

② Carroll E. Digital inheritance：tackling the legal and practical issues [M]// Hawkins T D. Personal Archiving：Preserving Our Digital Heritage. New Jersey：Information Today, 2013：73-83.

件，还会收集其他机构形成并保管的有关该人物的文件，比如第三方媒体对个人的新闻报道。另外，政府及企业文件中与个人密切相关的部分，也可以复制过来归入该人物的档案，如上海档案馆有关名人档案的文件中规定"著名人物在工作活动中形成的成果材料，已经由本单位档案部门归档的，可以将其有代表性的成果材料采用复印的方式归入著名人物档案。已经归入人事档案中的履历表、志愿书等反映名人生平的材料，可将复印件归入著名人物档案"①档案机构甚至会主动去制作一些有关该人物的文件，比如该人物的口述材料，以及对其进行专访并录制的视频等。虽然以上这些文件也都是个人档案的重要来源，但由于本书的主题是如何保存个人持有的大量数字文件，因而暂不将其列入研究范围之内。

2.2 相关概念辨析

2.2.1 个人档案

"个人档案"经常被用来指称人事档案，即"国家机构和社会组织，在人事管理活动中直接产生的、反映个人经历、德、才、能、绩、工作表现的，以人为单位集中保存起来以备查考利用的历史记录。"②这里的人事档案是由单位形成和保管，而非个人。

其实，在早期个人档案曾被用来指称"个人所有的档案"，但很长一段时间内学者们不太关注这种意义上的"个人档案"，而只是用它来表示"人事档案"。直到如今的数字时代，这种意义上的个人档案才重新进入档案学者们的视野，学者们开始关注"个人数字档案"，即个人形成(生成和收到)的数字档案。至于个人数字文件和个人数字档案的关系，按照前文对"文件"和"档案"的解释，个人数字档案就是对个人数字文件进行保存备查之后形成的整体。

2.2.2 家庭档案

家庭档案是指家庭作为一个整体及其成员在社会实践及家庭生活中形成的

---

① 上海档案局沪档［1998］168 号关于印发《上海市著名人物档案管理暂行办法》的通知［EB/OL］．［2016-3-9］．http：//www. archives. sh. cn/dazw/ywzd/201203/t20120313 _ 15 798. html.

② 陆建香. 论人事档案与个人信用档案［J］. 兰台世界，2006(7)：7.

具有保存价值的文字、图片、视频等材料①。

家庭档案和个人档案之间既有区别又有联系。二者的区别主要在于：家庭档案除了反映家庭成员的个人情况外，还要反映家庭集体活动情况、家庭生活管理情况等；而个人档案主要是对家庭成员中某个人工作、生活等情况的记载。二者的联系在于：一方面，相对于国有和集体所有的档案，二者同属于私有档案；另一方面，每个人都生活在家庭之中，都是某个家庭的一员，家庭档案包括个人档案，而且，家庭档案往往是以某个家庭成员的档案为主要内容的，尤其是名人家庭的档案。

可见，二者的联系是十分密切的，除了少部分反映家庭集体活动情况和家庭生活管理情况的档案，家庭档案主要还是由个人（尤其是某位个人）的档案组成的。因此，在实践中，家庭档案和个人档案往往被联系起来考虑，本书也为方便起见，在一些地方用家庭档案方面的工作情况来反映个人档案上的工作情况，比如在介绍档案馆教育指导公众建档时，以指导家庭建档作为切入点，因为实际操作中，档案馆指导家庭建档比指导个人建档更容易操作，一个家庭有一个固定场所，可以保存档案；家庭中有不同成员，可能多数成员都没有时间建档，而只要有一个成员（通常是老人）有时间，建档之事就可能成行；以家庭为单位指导建档，也方便档案馆选择集中宣传指导的场所，通常是在社区里，而针对个人指导的话，个人所在场所难以预测。

退一步讲，除了指导家庭建档比指导个人建档更易操作方面的考虑，家庭档案毕竟包含了个人档案，而且常是以个人（尤其是某个人）的档案为主，因此这方面的工作情况是可以从一定程度上反映个人档案方面的工作情况的。

另外，不管是名人还是普通人，都出自某个家庭，是某个家庭的一员，但名人的家庭终究还是少数，档案馆所作的家庭档案工作针对的更多的是千千万万普通家庭，其档案反映的主要还是平民的生活生产活动，是平民记忆的重要载体。这对传统上以名人档案工作为重的档案馆来说，是十分重要的补充，家庭档案方面的工作是档案馆向社会化转型、走近公众的重要契机，是档案馆将私人档案工作对象从名人转向普通人的突破口。

2.2.3 私有档案和私人档案

在国内，私有档案与私人档案常被作为同义词替换使用，其共同含义是"与公有档案或国有档案或公共档案相对而言，凡不由国家提供经费的单位和

---

① 李思琴. 家庭档案记忆构建研究［D］. 南昌大学，2014：11.

个人形成的档案及政府官员在非公务活动中形成的档案，均称为私有(人)档案"①。需要注意的是，这里的私有或私人档案不仅仅是指"个人"形成的档案。这种认识与我国档案法中的界定比较接近，得到普遍接受从而成为定义的主流。

此外，私人档案有时专指"公民个人在其私务活动中形成以及非自己产生但通过各种方式合法占有的档案"②。

或者还有人认为私人档案有广义狭义之分，广义上就是指前文第一个定义，这时也称"私有档案"；狭义指的是第二个定义。

从这些定义可以看出，狭义上的私人档案与本书的个人文件关系较为密切，但学界目前较少使用狭义上的私人档案来表示"个人产生和占有的档案"，而更倾向于使用"个人档案"。

2.3 管理理论

个人档案在国内外的档案管理理论中一度被边缘化，已有理论主要针对政府、企业等机构档案，忽视了这些机构档案与个人档案之间的巨大差异。这是有深刻的历史渊源的，因为从现代档案学的开山之作——1898年的荷兰手册开始，个人的文件集就被排除在了"档案"之外。该手册认为个人的文件集不像行政管理机构的那样是在其业务活动中自然累积而成，而是各种文件以一种奇怪的方式混乱地聚集在一起，没有按照其原始生成顺序。据此，该手册指出这种文件集更适合图书馆来管理③。之后的理论延续了这一看法，都认为"档案"是按原始顺序累积而成的文件集，并将"档案"限定在行政管理活动的范畴之内，比如1922年英国希拉里·詹金逊的《档案管理手册》。该手册还进一步指出了"档案"要保持原始形成顺序的原因，即档案是形成者活动的客观的证据，因而档案工作者的职责只是原封不动地接收并保管，不能打乱原始顺序，也不能加以主观鉴定挑选；在这一原则下，只有行政管理活动中自然累积而成的文件集才是档案，而个人的文件集由于是个人根据主观判断挑选出来的，不

---

① 赵家文，李逻辑. 私人档案立法保护之我见[J]. 中国档案，2004，(3)：7.

② 刘智勇. 私人档案初探[J]. 成都档案，1987(4)：8.

③ Muller S, Feith J A, Fruin R, et al. Arthur H. Leavitt, trans. Manual for the arrangement and description of archives（2nd ed.）[M]. New York：H. W. Wilson Co.，1940：19-22 & 152-155.

能作为证据，因而不属于"档案"①。与詹金逊不同，1950 年代，美国的西奥多·谢伦伯格指出档案不仅有证据价值，还有情报价值，其中证据价值是基于档案和形成档案的政府活动之间的关系，而情报价值是基于档案中所内含的信息，与其来源无关。在此观念下，有情报价值的个人文件集似乎也有可能被纳入"档案"。然而，虽然比詹金逊有所进步，谢伦伯格的价值理论仍然是基于政府活动中形成的档案而阐发的，即其提出的证据价值和情报价值都指的是政府档案的价值，谢伦伯格也认为来源于有规则的行政管理活动的档案与随意组合而成的、不系统的个人文件集截然不同②。

可以看出，这些经典档案学著作将个人文件集排除于档案之外的主要原因其实是这种文件集的形成方式，即：与档案的自然形成不同，个人文件集的形成打乱了文件的原始顺序，并加入了主观判断进行挑选。詹金逊还为这种区分提供了理由，即档案的价值是作为活动的证据，而只有按照原始顺序自然形成的文件集才能充当证据，因而只有政府活动中形成的文件集能被称作档案。之后的谢伦伯格虽然发现了这些自然形成的档案在证据价值之外，还有一种情报价值，但仍然未对档案的"按照原始顺序自然形成的"这种性质有所改观。受此影响，具体的管理实践中人们也认为档案与个人文件集的性质不同，应有不同的管理方式，因而，在有些国家，个人文件集是由图书馆来接收管理，这种传统甚至延续至今。不过，随着档案馆业务的拓展，越来越多的国家开始将个人文件集纳入收集范围之内，档案学研究也不再将档案的来源仅限于政府部门，个人文件集作为档案的地位逐渐被认可。在此背景下，一些与之有关的管理理论逐渐形成。

2.3.1　鉴定理论

在西方档案学理论中，对个人档案的鉴定包括两方面：一是宏观上的，确定社会中哪些人的档案值得接收保存，确定收集范围；二是微观上的，确定个人的哪些文件可以归档，即确定收集内容。

在宏观方面，有些学者提出沿用德国档案鉴定理论家汉斯·布姆斯的职能

---

① Jenkinson H. A Manual of Archival Administration (new and revised edition)［M］, London：Percy, Lund, Humphries & Co Ltd, 1937：4-15；40-44.

② Schellenberg T. Modern Archives：Principles and Techniques［M］. Chicago：University of Chicago Press, 1956：13-18.

鉴定方法，根据档案形成者的职能确定收集范围①，不过这种方法最初并且主要是用于政府及其他机构档案的鉴定，应用到个人领域后也更强调与政府有关的个人的档案。另外，还有学者提出采用美国档案工作者海伦·塞缪尔斯创立的"文件编集法"（documentation strategy），目的是在职能鉴定法所确定的收集范围之外，为更多重大的主题和事件提供记录。这种方法首先要确定为哪些主题、事件提供记录以及需要哪些信息，然后确定在这些主题、事件下发挥重要作用的个人②。相较于宏观鉴定法，这种方法需要档案工作者更加积极主动。

在微观方面，一些学者认为归档时对个人文件的鉴定可采取和机构文件一样的标准，即判断其有无证据价值③。对此，有学者提出了质疑，认为文件对个人来说不仅是其活动的证据，还由于凝结了个人情感和个人回忆、是个人的创造性劳动成果等原因而有其独特的价值，因而应该有不同于机构文件的鉴定标准④。这两种鉴定观点虽然在细节上有所分歧，但其共同之处在于：它们考虑的都是文件对原始形成者的价值，而非将来对其他利用者的价值。然而，按照谢伦伯格的双重价值理论，文件不仅有对于形成者的第一价值，还有对形成者之外的利用者的第二价值，因此，档案工作者在对个人文件进行鉴定时，也要考虑其第二价值，这是谢伦伯格的鉴定观点与上面两种的不同之处。

目前我国尚没有专门的个人档案鉴定理论，不过在具体做法上，我国档案馆在确定收集范围时，是按照各行各业划分领域，然后规定各领域名人的标准，比较接近职能鉴定法，虽然这些名人的职能远不止是政府工作人员的职能；类似于文件编制法的收集方法也经常出现在档案馆的实践中，比如以抗战历史为主题，收集革命老兵的档案。最后，在这两种做法之外，我国档案馆还接收了一些有保存价值的普通家庭和个人的档案。在对文件的鉴定方面，我国收集名人档案的做法是设定几个类别分别进行收集，比如生平类文件、成果类文件、活动类文件和评介类文件，具体内容广泛，其实是把对个人有证据价值和有其他价值的文件都囊括了在内，另外，传统上我国的私人档案收集工作也都会把"对国家和社会有用"考虑在内，即在鉴定时也会考虑其对其他利用者

---

① Booms. H. Society and the Formation of a Documentary Heritage: Issues in the Appraisal of Archival Sources [J]. Archivaria, 1987, 24: 76-104.

② Samuels H. Who Controls the Past? [J]. The American Archivist, 1986, 49: 115-124.

③ Cox J. R. The Record in the Manuscript Collection [J]. Archives & Manuscripts, 1996, 24(1): 52.

④ Hobbs C. The Character of Personal Archives: Reflections on the Value of Records of Individuals [J]. Archivaria, 2001, 52: 127-131.

的价值(第二价值)。

最后需要指出的是，对个人数字文件的鉴定要早于纸质文件，因为数字文件保存的时间远低于纸质文件。对纸质文件的鉴定可在文件形成 50 年之后，而数字文件最好在形成后 5 年内完成，因为信息技术大约每 18 个月就更新换代一次，数字存储媒介大约不到 5 年就会过时。

2.3.2 后保管理论

"后保管"的概念是在电子文件大量涌现的背景下出现的，其相关理论是为了应对电子技术对传统文件管理模式造成的全面冲击。美国的杰拉尔德·汉姆在其文章"后保管时代的档案战略"中最早提到该词，汉姆在文中指出，"信息革命正将我们推入档案历史的新时期——后保管时代"[①]。该概念在我国的广泛传播始于 1996 年的第十三届国际档案大会，特里·库克在会上做了题为《1898 年荷兰手册出版以来档案理论与实践的相互影响》的报告，其中对后保管模式进行了全面的诠释和分析。

后保管理论包括很多方面，其中一个重要的方面是：面对电子文件，档案工作者不能像以往对待纸质文件那样被动，而是要关注文件的整个运动过程，因为"电子环境中，如果档案人员不积极介入文件的形成和保管过程，文件将可能不存在或至少不能被鉴定、保存、编目、提供利用"[②]。

这一理论迅速影响到了个人领域的档案工作，澳大利亚档案工作者 Adrian Cunningham 的提前干预方法就是在此基础上提出的，其大意是要档案工作者尽早介入文件的形成和保管过程中，从源头上确保个人以恰当的方式形成和保管文件。作为本书的对策之一，笔者在第 5 部分中还会对这一方法进行详细介绍。

此外，在提供利用方面，后保管理论指出档案机构要向公众提供知识服务。库克认为，"档案工作者由实体保管员向知识提供者的过渡，正是档案界为应答电子时代的挑战，由保管时代向后保管时代过渡的要求。"[③]在数字时代，"后保管模式"不仅仅关注文件本身，更关注文件的背景，这些背景信息

---

① Ham F. G. Archival Strategies for the Post-Custodial Era[J]. The American Archivist，1981，44：207-216.

② T. 库克 . 1898 年荷兰手册出版以来档案理论与实践的相互影响[C]//第十三届国际档案大会报告集 . 北京：中国档案出版社，1997：143-176.

③ 特里·库克著，刘越男译 . 电子文件与纸质文件观念：后保管及后现代主义社会里，信息与档案管理中面临的一场革命[J]. 山西档案，1997，2：7-13.

从知识管理的角度来说，往往是一种"隐性知识"，而档案工作者的任务就是发现、挖掘这些"隐形知识"，"向用户提供经过智能化处理的符合用户需求的知识"，"引导利用者从泛滥的具体信息过渡到知识甚至智慧"。

以上就是目前个人档案领域的主要理论成果，总的来说，这些理论都是首先产生于机构档案管理的实践，然后被个人领域的档案工作者借鉴并发展，才成为适用于个人档案的理论。虽然这些理论都是国外学者创立的，然而鉴于国内外档案实践在很多方面的共通性，这些理论对我国的档案实践也具有指导意义，比如鉴定个人文件(即鉴定收集内容)的方法，按照上面的鉴定理论，我国在实践中还可以进一步细化。在个人数字文件的管理方面，国内档案馆实践基础较薄弱，也需要借鉴后保管理论及其在个人领域的延伸版。

2.4　法律依据

这里的法律依据是指我国档案馆参与个人数字文件保存的法律依据，之所以要论证这个问题，是因为前文已经指出，在个人文件集的管理归属问题上，不同的国家有不同的传统。不少国家的综合档案馆都不负责保存个人的档案，私人手稿的收集与保管是由图书馆来执行。当然，也有一些国家是例外，比如加拿大，该国有全体档案(total archives)的传统，国家综合档案馆有义务保存个人的档案。正如曾任加拿大国家档案馆馆长的 Ian Wilson 所说："加拿大的政府档案馆，无论是国家的、省级的还是市级的，不仅保存官方的行政文件，还收集各种媒介上的与本地区历史有关的私人材料。这种广泛的职责范围使政府档案馆不仅是档案的存储场所，还是与其所在地区积极互动的文化机构。"①然而，在我国，个人档案归不归档案馆管理呢？或者说，我国的档案馆有没有资格管理个人档案(包括参与个人数字文件保存)？就此问题，我们可以参考相关法律法规的规定。

首先，我国《档案法》中对档案的定义是："本法所称的档案，是指过去和现在的国家机构、社会组织以及个人从事政治、军事、经济、科学、技术、文化、宗教等活动直接形成的对国家和社会有保存价值的各种文字、图表、声像

① Taylor K. From paper to cyberspace：changing communication technologies and the implications for personal records archivists［D］. University of Manitoba，2002：12.

等不同形式的历史记录。"①很明显，这里的档案包含了个人形成的历史记录，也就是说，我国已以正式的法律形式将私人的档案纳入了档案机构的职责范围。

其次，国家档案局第 9 号令《各级各类档案馆收集档案范围的规定》中规定，"经协商同意，综合档案馆可以收集或代存本行政区内社会组织、集体和民营企事业单位、基层群众自治组织、家庭和个人形成的对国家和社会有利用价值的档案，也可以通过接受捐赠、购买等形式获取。"②据此可知，我国国家综合档案馆有权收集个人的档案，但是前提是"经协商同意"，而非强制征收。

再次，档案法中也规定了个人档案所有者的权利及档案馆的义务："向档案馆移交、捐赠、寄存档案的单位和个人，对其档案享有优先利用权，并可对其档案中不宜向社会开放的部分提出限制利用的意见，档案馆应当维护他们的合法权益。"

另外，很多省级档案馆也出台了针对名人档案的管理办法，其中也有关于征集原则、相关权益的规定，如《湖北省档案局(馆)征集名人档案试行办法》中第三条、第四条分别规定："征集名人档案工作实行充分协商、自愿捐赠、安全保管、方便利用的原则""捐赠给省档案馆的档案资料，产权归国家所有，著作权归作者所有，由档案馆负责整理、保管和组织利用。捐赠者享有免费优先利用、提出限制他人利用和公布条件的权利"③；《湖南省档案馆著名人物档案征收暂行办法》中规定："名人档案征收工作，实行突出重点，维护名人的合法权益及档案完整、准确与安全，便于利用的原则"④；甘肃省档案馆规定征集原则是："采取平等协商、个人自愿、方式自选的办法。征集工作始终贯彻使历史档案和资料的持有者在政治上放心、脸面上有光、经济上有利、利

① 中华人民共和国档案法[EB/OL].[2016-1-7]. http：//www. saac. gov. cn/xxgk/2010-02/08/content_1704. htm.

② 各级各类档案馆收集档案范围的规定[EB/OL].[2016-1-7]. http：//www. saac. gov. cn/xxgk/2011-12/20/content_12124. htm.

③ 湖北省档案局(馆)关于印发《湖北省档案局(馆)征集名人档案试行办法》的通知[EB/OL].[2016-1-7]. http：//www. hbda. gov. cn/manage/upload/html/20120419101458_179. shtml? netyId=50&newsId=179.

④ 湖南省档案馆著名人物档案征收暂行办法[EB/OL].[2016-1-7]. http：//sdaj. hunan. gov. cn/dayw_78261/dazs/zsgd/201211/t20121113_2907390. html.

用上优先的原则"①等等。

　　总之,我国档案馆的职责是保存社会的文化遗产,而个人的档案是社会文化遗产的一部分,个人的记忆是社会记忆必不可少的构成要素,因为据估计,一个社会产生的所有文件中,至少有一半是个人形成的②。因此档案馆有责任和权利采取各种形式促进个人文件的保存,但是一定要遵循的原则是充分协商、自愿平等,并尊重个人的著作权、隐私权等各项权益。

---

　　① 甘肃省档案馆关于征集历史档案资料的通告[EB/OL].[2016-1-7]. http://www.cngsda.net/art/2012/11/14/art_33_1992.html.

　　② Adrian Cunningham. The Mysterious Outside Reader [J]. Archives and Manuscripts,1996 (24, 1): 131.

3 现 状 调 查

第 2 部分分析了个人数字文件的内涵及其范围，并阐述了档案馆保存个人数字文件的必要性、意义和法律依据。接下来，本章会论述笔者对我国档案馆在个人数字文件保存方面的实践情况的调查。

3.1 调查目的、方法与内容

本调查的目的是为了解我国档案馆在保存个人数字文件方面的实践情况、所存在的问题及可能的原因。

调查的方法是网上调查（调查各档案馆的官方网站）和电话深度访谈相结合。其中，第一步是网上调查，调查的对象主要是除港澳台之外的全部 31 个省级综合档案馆的网站，省级综合档案馆往往是多方面档案工作，尤其是电子文件方面工作的中坚力量①，选取这些档案馆为调查对象，就是为了大致掌握全国范围内的进展情况。另外，在某些方面，如果该省其他地区有较为突出的成就，也会补充上这方面的信息。第二步，选取了一些档案馆进行深入访谈，至于选取的原则，一是由于能力有限，主要考虑的还是笔者能够接触到的、愿意配合访谈的档案馆；二是作为网上调查的补充，除了选取一些省级综合档案馆之外，还考虑到了访谈对象的多样化，为不同类型的档案馆都选取了一些代表（包括两个档案室②），了解它们各自在个人数字文件保存方面的情况，这些档案馆中的多数的情况都从网上获取不到，访谈能够弥补这种遗憾。访谈是通过电话形式进行的，共访谈到 16 家档案馆。此外，笔者还粗略调查了 3 家代表性图书馆和 1 家文学馆，以作对比和参考。

---

① 刘越男，祁天娇. 我国省级、副省级档案馆电子文件接收及管理情况的追踪调查[J]. 档案学通讯，2014(6)：10-15.

② 由于这两个档案室占比很小，且只是用来对比参考，主要调查对象还是综合档案馆，因此下文在描述调查对象时，仍用"档案馆"一词。

本研究电话访谈的档案馆主要分布在东部地区，包括沿海地区(山东、浙江、广东)6家档案馆和内陆地区(湖北、河南、江西)9家档案馆。这些档案馆中有11家是综合档案馆，包括省、市、区、县各级的，另外还有3家高校档案馆、2家其他档案机构(1家大型国企的档案室和1家大型科研院所的档案室)，见表3-1。为保护这些机构的隐私，本书在论述时均采取匿名方式。

表 3-1　　　　　　　　　　电话访谈的档案馆的类型

省级综合档案馆	市级综合档案馆	县区级综合档案馆	高校档案馆	国企档案室	科研院所档案室	合计
3 家	6 家	2 家	3 家	1 家	1 家	16 家

这种在网上调查的基础上进行的深度访谈一方面是要更深入全面地了解省级综合档案馆的工作情况，从而补充网上调查的内容；另一方面，多样化访谈对象的选取是想获取多方面的经验信息，从而帮助有关"档案馆如何应对个人数字文件保存挑战"的思考。

调查的内容主要是各个档案馆以各种形式参与个人数字文件保存的情况(包括成就和不足)或未采取行动的原因及未来打算。另外，作为参照，调查中还会首先了解档案馆收集保管个人档案和教育指导公众保管其个人档案的情况，以及接收电子档案和建设数字档案馆的情况，"个人档案"和"数字档案"两方面的工作情况共同构成了档案馆开展个人数字文件保存工作的背景。

3.2　网站调查结果

这里分个人档案工作情况、电子档案接收及数字档案馆建设情况、个人数字文件保存工作情况三部分进行介绍，其中前两个部分是个人数字文件保存工作情况的背景。

3.2.1　个人档案工作情况

各省级综合档案馆网站上有关个人档案工作的信息一般是在"档案征集"(综合了个人档案工作方面的各种信息)、"政策法规"或"公告公示"(包含有关个人档案工作的规范性文件)、"馆藏介绍"(介绍馆藏档案的来源，其中会提到个人档案)、"工作动态"(包含个人档案工作方面的新闻报道)等栏目下，少数档案馆还会专门设立名人档案专栏。从这些信息来看，各档案馆都或多或少开展了一些个人档案工作(唯一一个西藏档案馆网站没有相关信息，经过线下向馆内工作人员了解，证实也曾接收过3个名人的档案)，但目前各档案馆的工作重心都在名人档案，大部分档案馆尚缺乏针对普通人档案的收集保管或建档指导方面的工作，以下就从这两方面分别介绍。

3.2.1.1 名人档案工作情况

1. 工作范围

部分档案馆网站上提供了对其名人档案管理工作范围进行规定的文件，其内容大致相同，档案馆需要完成的名人档案管理工作如表3-2所示。

表3-2　　　　　　　　　省级综合档案馆名人档案管理的工作范围

1	2	3	4	5	6	7	8
制订收集计划和方案并组织实施	拟订名人的入库范围和对象	负责名人档案的收集、整理、保管和提供利用	开展或参与对名人的研究	组织名人档案展览	开展对外交流活动	开展名人档案咨询服务	其他相关工作

其中，与本书的主题密切相关的是前三种工作，它们也是下文要详细分析的对象。另外需要指出的是，在具体的实践中，各档案馆对这些工作的完成程度不一。以第一项工作为例，有些档案馆制定了相关的计划和方案，但也有档案馆至今仍未制定。

2. 收集办法的制定情况

31家省级综合档案馆中，除了6家档案馆没有任何与名人档案的收集相关的文件、3家档案馆在其综合性的档案收集文件中把名人档案列入了范围但没有提供收集办法之外，其余都有名人档案收集办法(见表3-3)。其中，有些办法是包含在综合性收集办法之中的，比如包含在省档案馆档案收集范围和实施细则之中；还有一些档案馆是制定了专门的名人档案收集办法，比如《湖北省档案局(馆)征集名人档案试行办法》《湖南省档案馆著名人物档案征收暂行办法》等。其中，湖南省还制定了细分到某一类名人的档案收集办法，如《湖南省知名书法家档案收集管理规定》《湖南省知名美术家档案收集管理规定》。这些文件的制定情况从侧面反映了各档案馆对名人档案的重视程度及其工作的规范程度。

表 3-3　　　　**31 个省级综合档案馆名人档案收集办法的制定情况**

	有名人档案收集办法 相关文件的档案馆	有专门的名人档案 收集办法的档案馆
数量	22 家	10 家（上海、浙江、广东、江西、湖南、 湖北、辽宁、贵州、新疆、黑龙江）
占比	约 71%	约 32%

3. 对名人及名人档案的界定

各档案馆对名人及名人档案的定义大同小异。其中，对名人的定义有：广东省档案馆的"历代广东籍（包括在省外或国外的广东籍人士）或曾在广东境内长期活动过非广东籍的政界、军界、工商界、科学文化界等领域具有重要影响的官员、专家学者和社会贤达及其他重要人物"①，湖南省档案馆的"湖南籍或长期在湖南工作和生活的非湖南籍的政治、军事、经济、科学、技术、文化、教育、体育、卫生、宗教等各界重要人物及知名人士"②，湖北省档案馆的"近代以来湖北籍或在湖北工作过的社会各界著名人士"③等；对名人档案的定义有：上海档案馆的"本办法所称的著名人物档案是指本市各界著名人物在从事各种活动中直接形成的对国家和社会具有保存价值的各种文字、图表、音像等形式的历史记录"，④ 辽宁省档案馆的"名人档案指名人在长期的工作、学习、生活中形成的，具有保存、利用价值的，不同载体的各种文字、声像材料和实物"⑤等。

---

① 广东省名人档案管理办法［Z/OL］.［2015-12-31］. http：//www. da. gd. cn/WebWWW/code/CodeInfo. aspx？LianJie_ID＝159.

② 湖南省档案馆著名人物档案征收暂行办法［Z/OL］.［2015-12-31］. http：//sdaj. hunan. gov. cn/dayw_78261/dazs/zsgd/201211/t20121113_2907390. html.

③ 湖北省档案局（馆）关于印发《湖北省档案局（馆）征集名人档案试行办法》的通知［EB/OL］.［2015-12-31］. http：//www. hbda. gov. cn/manage/upload/html/20120419101458_179. shtml？netyId＝50&newsId＝179.

④ 上海档案局沪档［1998］168 号关于印发《上海市著名人物档案管理暂行办法》的通知［EB/OL］.［2015-12-31］. http：//www. archives. sh. cn/dazw/ywzd/201203/t20120313_15798. html.

⑤ 辽宁省档案馆公开向社会征集名人档案的通告［EB/OL］.［2015-12-31］. http：//www. lndangan. gov. cn/lnsdaj/ywgzzd/dzzj/sjxx/content/4028eaa228fb517a0128fb54af4e1061. html.

总的来说，就名人的定义而言，从时间上看，多数档案馆都将历代的著名人物纳入了范围，只有湖北省档案馆的范围是近代以来的著名人物；从空间上看，各馆收集范围内的名人都是本地籍的(不管在不在本地生活或工作)或长期在本地生活或工作的非本地籍的名人(包括外国人)；从行业上来说，名人可以出自政治、经济、军事、科学、技术、教育、文化、卫生、体育、宗教等各个领域。至于各馆对名人档案的定义，从形式上来看，包括文字、图表、声像、实物等；从来源上看，是名人在从事各种活动中直接形成的。其实档案馆在具体收集过程中所收集的不止是这些，比如档案馆还收集外界形成的有关名人的材料，还会主动采访并制作名人声像档案或口述档案等，具体见表 3-5。不过前文已经说明，这些不在本书的研究范围之内。

4. 名人档案的收集范围和收集内容

具体来说，各档案馆名人档案的收集对象和收集内容分别有以下几种，见表 3-4 和表 3-5。其实档案馆之间在收集范围或收集内容上都多少有些不同之处，两个表只是综合了各省情况后的结果(详细情况可见附录 1、附录 2)。在具体的收集过程中，根据本馆的情况，一些档案馆会有所侧重，收集一些本馆特色档案。比如，在收集范围上，湖南省档案馆由于所在的地理位置特殊，省内走出过很多近现代历史上著名的政治家军事家，因此特别注意收集表 3-4 中第 11 类的档案。

表 3-4　　　　　　　**省级综合档案馆的名人档案收集范围**

①政界：在本省担任过党委、政府、人大、政协、纪律检查委员会负责人及本地区其他著名政治家(包括相当级别的各党派领导人、无党派民主人士领导人)

②军界：被授予少将以上军衔或担任过副军职以上领导职务的军人；获中央军委英模称号的英模人物，其他具有一定社会影响的著名军人

③全国劳动模范、五一奖章获得者、各行各业有突出贡献的英模人物

④工商界：具有重要影响和名望的企业家、银行家、商人等

⑤科学技术界：两院院士，国家级专家称号、国家或者最高科学技术奖获得者，以及有重大创造发明或重大科研、学术成果的人士

⑥文化教育界：有重要影响、较深造诣和突出成就的学者、文学家、艺术家、教育家等

⑦奥运会、亚运会及其他重大国际体育比赛奖牌获得者，国内外知名运动员、教练员

⑧宗教界的著名领袖，著名的社会活动家和民间艺(匠)人

⑨海外和港、澳、台著名的本省籍人士及长期在本省境内活动的有影响的外国友人

⑩对国家和社会有突出贡献、在国内外有重要影响的其他著名人士

⑪在本省或中国历史的某个时期或某个重大事件中起过重要作用的政治家、军事家及各界名人

表 3-5   **省级综合档案馆的名人档案收集内容**

①生平方面：生平传记、回忆录、履历表、照片、日记、学历和技能证书、党政职务的任免书、专业技术职务的证书、各种荣誉证书等

②活动方面：参加各种代表会议、受聘于各种组织等社会活动材料，参加学术组织、学术研讨等业务活动材料，包括报告、演讲稿等

③成果方面：科研成果材料，包括计划任务书、实验的原始记录、研制报告、鉴定材料、推广应用材料和获奖材料等；学术研究材料，包括编辑和著述的学术专著，在省市级以上刊物发表的论文和书画、摄影、文学艺术等各类作品及上述各类成果的获奖证书等

④评介方面：各类出版物上发表的评介名人的文章，各种会议上由组织整理的经验介绍和考察、晋升等综合性评介材料，各种纪念性活动中形成的材料

⑤反映名人活动的照片、录像或录音带、光盘等

⑥名人口述的历史资料

⑦名人的书信、收藏的图书、资料及其他具有历史和纪念意义的物品

⑧其他有保存价值的档案资料

5. 名人档案的收集方式

　　档案馆采取了多种多样的方式收集名人档案，如表 3-6 所示，各个档案馆的方式综合到一起共有 7 种。其中，前 3 种方式是多数档案馆都较为常用的方式，尤其是第 2 种(向名人或社会征集)。在这种方式下，为了能够征集到名人档案，尤其是为了争取名人捐赠档案，档案馆会调动各种资源，并不断创新工作方式，比如，会借助媒体(如微信平台)进行宣传，发布征集公告，并邀请名人来馆参观等，以便更多人了解其政策并考虑捐赠事宜；甚至会组成名人档案征集组，想办法接触到名人并进行现场征集，等等。

表 3-6   **省级综合档案馆的名人档案收集方式**

①档案所有者主动向档案馆捐赠、出售或寄存。档案馆会向捐赠者颁发荣誉证书，并给予适当物质奖励；寄存一般针对个人形成的对国家和社会有保存价值的档案资料，寄存双方经协商签订协议，档案所有权仍属个人，档案馆负责档案的安全，并保证存取自由，会适当收取一定费用

②档案馆向名人或社会征集。名人或社会人士同意之后，也是以捐赠、出售或寄存形式将档案交给档案馆。对于捐赠者，档案馆也会颁发荣誉证书，并给予适当物质奖励，特别珍贵的档案资料捐赠复制件亦可。对于有价值但所有者不愿捐赠的档案资料，在征得所有者同意后，可进行收购。既不愿捐赠也不愿出售，又不具备保管条件的，可向档案馆申请免费寄存

续表

③接收。存放在各有关部门或单位档案机构的名人档案，由这些机构依据国家规定，向本级综合档案馆移交，必要时移交单位可保留复制件

④对其他档案馆或图书馆、博物馆等保管的名人档案进行复制或交换目录

⑤对流散在省外或境外的名人档案进行购买、复制或交换

⑥派专业人员以录音、录像、拍照、摄影、文字记录等方式主动形成人物档案

⑦其他由档案馆与档案所有者协商的形式

6. 名人档案的鉴定、整理和编目

部分档案馆在其名人档案管理办法相关的文件中对名人档案的鉴定、整理和编目做出了详细规定，如表 3-7 所示，从这些规定中可以大致看出省级综合档案馆是如何进行名人档案的鉴定、整理和编目的。需要注意的是，规定中还提到特殊载体档案的整理编目，后文在论述个人数字档案的管理时会进行具体分析。

表 3-7　　　　省级综合档案馆对名人档案的鉴定、整理和编目要求

鉴定	档案馆应设立专家组，对收集到的名人档案进行鉴定审查，确保其真实性
整理	名人档案应作为独立门类，以每个名人为单位设立全宗，按全宗进行整理 分类要清晰，一般可以设四个一级类目，即：生平类、活动类、成果类、评介类。必要时可以在一级类目下设若干小类。整理时应遵循名人档案形成的客观规律，保持文件材料之间的有机联系，反映建档对象工作、学习和生活的真实面貌
编目	要编制案卷目录、文件目录和其他具有名人档案特点的必要的检索工具，以方便名人档案的利用
备注	音像、证书等特殊载体的档案，按其所反映的内容与纸质档案统一整理编目（但保管时可以单独存放）

7. 名人档案的保管、开发与提供利用

省级综合档案馆有关名人档案管理办法的文件中也对名人档案的保管提出了要求，见表 3-8。至于名人档案的开发与提供利用方式，表 3-9 是综合了多个档案馆相关文件中的规定后的结果。其中，表 3-8 表明，目前省级综合档案馆已经注意到不同载体人物档案的保护以及名人档案的数字化保存。然而，在提供利用方面，利用的对象仍以实体档案为主，比如在接待查阅、举办展览的

方式中，提供利用的都主要是实体档案。虽然第 4 个提供利用的方式是通过信息网络传播，如通过表 3-10 中所列的名人档案专栏，但目前为止这些传播仍停留在借助网络平台对名人的成就进行宣传，上面只有对名人生平的简单介绍，缺乏实质的可利用的信息。

表 3-8   **省级综合档案馆对名人档案的保管要求**

按照国家关于档案保管的要求，采取有效措施，配备先进设备，科学保管，确保不同载体人物档案的安全，防止名人档案丢失或损坏

加强人物档案实体保护，因地制宜设置人物纪念场馆，珍贵人物档案特藏室、陈列室。定期检查名人档案的保存状况，对破损、褪变的档案及时修复或复制

利用现代化技术，加速名人档案的数字化和信息化进程，建立人物档案数据库

表 3-9   **省级综合档案馆名人档案的开发与提供利用方式**

①向利用者或有关部门提供名人档案(社会各界根据需要，经档案部门审批都可利用名人档案，比如，档案馆常为文化艺术界的创作提供名人档案)
②开展名人档案咨询服务(比如为专家学者的研究提供咨询服务)
③配合宣传教育及纪念活动，举办名人档案展览
④通过信息网络传播
⑤依据国家有关规定，向境外提供名人档案
⑥开展名人档案学术研究
⑦编辑出版名人档案材料(如编写年表、编纂著作)

表 3-10   **省级综合档案馆的名人档案专栏**

档案馆	浙江	广东	陕西	上海	湖南	福建	海南	新疆	宁夏
名人专栏	浙江名人	广东名人	陕西名人	海上人物	知名文艺家档案专馆	八闽之子	琼崖人物	名人档案	人物档案

备注：共有 9 家，占比 29%；有些专栏是在其他栏目之下，比如浙江名人和陕西名人都在档案文化栏目下，广东名人是在南粤春秋栏目下

3.2.1.2 普通人档案方面的工作

档案馆的普通人档案工作可分为三类：一是对普通人档案的征集，二是与

平民档案馆联合办展,三是对公众建档及长期保存档案方面的教育指导。

1. 收集普通人的档案

收集的形式之一是征集,但档案馆极少专门征集某一个特定普通人的档案,而主要是以某一事件或专题为线索,面向社会广泛征集与该事件或专题有关的档案资料。

比如,浙江省档案馆的"改革开放在浙江"老照片及史料征稿活动,是为了见证改革开放以来浙江的辉煌巨变,记录老百姓身边的动人故事,向全社会征集 1978 年以来的相关图文及实物。具体包括:①老照片:能反映浙江发展和百姓生活变化的照片,可以是老照片,也可以是新老对比的组照;②史料:个人亲历、亲见、亲闻的故事(以第一人称记述自己的故事,可以本人撰写也可以口述);③实物:日记、手稿和其他纪念物品等。①

又如,广东省档案馆征集"知识青年上山下乡"档案资料的活动,是为了真实反映 20 世纪六七十年代"知识青年上山下乡"运动的具体历程,公开向社会征集反映"广东省知识青年上山下乡"的资料,并对征集到的资料进行鉴定整理,形成档案,在省档案馆妥善保存,同时向社会各界提供利用。征集内容主要包括:当年知青在农村、农场、兵团、林场等地劳动、工作以及生活的旧照片(附简单说明);书信、日记、笔记、申请书、介绍信和书刊;奖状、证件(如身份证、通行证、工作证等)、徽章、有特殊价值的实物(如挎包、水壶等);反映知青生活的文章、文学作品、回忆录等。②

除了这种面向社会征集的方式,一些档案馆工作人员还会在平时多方留意有收藏价值的普通人的档案,比如前文提到过的河南省档案馆一位工作人员,其在工作中留意到三位注重保存历史记录的民间人士,包括两位摄影爱好者和一位勤于写日记和收集资料的人,鉴于这些人所形成记录的重要价值,该工作人员考虑将其纳入馆藏、汇编成卷。

此外,浙江省档案馆还大胆创新,开启了接收普通家庭的档案的先例。2014 年,该馆将 11 户普通家庭档案接收进馆,从而让"浙江一家人"家庭档案得以妥善保存。这 11 个家庭是《钱江晚报》推出的《35 年 11 个家庭·改革改变生活》系列报道的主角,报道用平实淳朴的语言记录了 11 个普通浙江家庭见

---

① "改革开放在浙江"老照片及史料征稿启事[EB/OL].[2016-1-3]. http://www.zjda.gov.cn/jgzw/zwgk/gggs/201406/t20140618_316049.html.

② 广东省档案馆征集"知识青年上山下乡"档案资料启事[EB/OL].[2016-1-3]. http://www.da.gd.gov.cn/WebWWW/collection/zjxxView.aspx?Type=1&ItemID=3145.

证改革开放 35 年来的生活变迁，引起了读者的强烈共鸣。这是省档案馆首次接收除机关、企事业单位等法定单位之外的普通家庭和个人档案进馆，该举动有助于体现地域馆藏档案的多样性，拓展了馆藏对象、丰富了档案资源，并使档案工作进一步贴近了社会和群众。①

除了浙江省档案馆，舟山市定海区档案局也接收了普通公众支信毛的家庭档案，这是该区档案局首次将普通家庭的档案征集进馆，填补了档案馆无家庭档案的空白，丰富了馆藏。此前，区档案局在报纸、网络等媒体上向社会公开征集普通家庭的档案。此次共接收进馆家庭档案 3 卷 393 件，主要包括：一是 1962—2013 年支信毛的工资凭证、收入单及其他家庭理财单据；二是支信毛及其夫人的各类学历证书、奖状；三是支信毛全家 1986—2014 年历次旅游的门票、参观券等；四是粮票及各类彩票；五是家庭贺卡和支信毛的部分作品集；六是支信毛的病历卡等。②

最后，目前还有不少档案馆开始或即将开始向普通家庭提供档案免费寄存的服务，如无锡市档案馆、浙江省档案馆等，当然，寄存的对象的主要是重要的、有保存价值的档案。

2. 与平民档案馆联合办展

2013 年，湖北省档案馆与袁裕校家庭档案馆联合举办了为期 1 个月的"百年变迁——中国首家平民（袁裕校）家庭档案馆馆藏精品展"，展示了袁裕校祖孙 4 代历经清末、民国和中华人民共和国成立后各个不同历史时期形成的家庭档案，反映了一个普通家庭通过自强不息、艰苦创业走上美好生活的变化历程，折射出中国近现代社会如何由内忧外患、积贫积弱阔步走向繁荣富强的百年变迁。③

2004 年，广州市档案局举行了广州开发区、广州市萝岗区首个家庭档案馆"靳国庆家庭档案馆"授牌仪式，此后，广州市续建立起其他家庭档案馆，如吴淑琴家庭档案馆、博雅轩火花门券④收藏馆、西关家居梁新恩徽珑⑤博物

---

① 浙江省档案馆首次接收普通家庭档案进馆［EB/OL］.［2016-1-3］. http：//www. saac. gov. cn/news/2014-01/24/content_33161. htm.

② 舟山市定海区档案局首次征集普通家庭档案进馆［EB/OL］.［2016-1-3］. http：//www. zjda. gov. cn/jgzw/zwgk/gzdt/201410/t20141021_325058. html.

③ 民宅藏瑰宝 斗室见历史［EB/OL］.［2016-1-3］. . http：//www. saac. gov. cn/news/2013-09/06/content_28263. htm.

④ 火花指火柴的商标，门券是风景名胜的标志，都属于纸质藏品。

⑤ 徽珑，就是指徽章，珑意指这些徽章小巧。

馆、广府庙会、广府达人艺术档案馆等。市档案局与这些档案馆保持了密切的联系，经常联合办展或共办大型纪念活动。

3. 对公众建档及长期保存档案方面的教育指导

沈阳市档案局从 2002 年就开始指导家庭档案工作，至今已经十多年。从 2002 年起，该局每年都制定专门的家庭档案工作计划并认真实施，同时安排家庭档案的大型活动，并不断开发家庭档案的创新项目。经过多年的努力，全市从极少有人了解家庭档案到几十万人知晓家庭档案，从最初的十几户建档发展到 15 万～16 万户家庭建档，其家庭档案工作在社会各界以及全国档案系统都产生了较大的反响。2010 年沈阳市档案局家庭档案网的开通被上海社会科学院家庭研究中心评为"2010 年国内十大家庭事件"；2011 年沈阳市家庭档案工作被国家档案局评为"全国档案工作与服务创新优秀案例"。①

在国家档案局的倡导下，全国其他省市也都陆续开展了家庭建档指导工作，比如，浙江省舟山市定海区开展了家庭档案培训班，有针对性地对本区退休干部、教师、医生等知识分子进行相关系统培训，并免费提供档案盒、光盘等；以"不违背建档者意愿、不侵犯建档者隐私"为原则，对有需要的人给予技术上的指导和帮助。浙江省嘉善县档案局也与教育局退休协会联合举办了一次名为"家庭档案的收集和整理"的讲座，使参加人员对家庭建档有了更加直观深入的认识，充分感受家庭档案陶冶情操、激励后人、提升家庭文化品位的深层魅力。

又如，浙江省平湖市档案局开展了"家庭档案进社区"活动，推出了家庭档案主题展和档案书画比赛优秀作品展。其中，家庭档案主题展的主题是"记录家庭历史，传承社会文明"，通过展示前期征集的特色家庭、和谐家庭档案，激发了市民参与家庭档案建档的热情。此外，现场还设置了档案咨询服务、档案知识问答、档案宣传用品发放等服务台，揭开了档案的神秘面纱，让市民亲身感受"档案就在我身边"。②

此外，上海、江苏、广州、福建、北京、湖北等多个省市也都开展了家庭档案方面的工作，开发了诸如"为农民建家庭档案""家庭档案社区教育培训公共服务一卡通"试点工作等创新活动，还向普通家庭提供档案管理软件。

---

① 荆绍福. 沈阳市家庭档案工作纪实[M]. 沈阳：沈阳出版社，2013：1-2.

② 浙江省平湖市档案局开展"家庭档案进社区"活动[EB/OL]. [2016-1-3]. http://www.zjda.gov.cn/jgzw/zwgk/gzdt/201409/t20140928_322280.html.

3.2.2 电子档案接收和数字档案馆建设情况

为了解档案馆档案管理工作的信息化和现代化水平，明确档案馆个人"数字"文件管理工作开展的背景，有必要调查一下各馆的电子档案接收情况以及数字档案馆的建设情况。

3.2.2.1 电子档案接收情况

2012 年，国家档案局印发的《电子档案移交与接收办法》（以下简称《办法》）指出，一些信息化发展较快的部门或地区，已产生一定数量的电子档案，各级国家综合档案馆应立刻启动电子档案的移交与接收工作程序。该《办法》是继 2009 年《电子文件管理暂行办法》之后，国家行政管理部门就电子文件、电子档案的规范化管理所制定发布的又一个重要规章，其对于规范电子档案移交与接收流程，推进电子档案及时完整移交进馆，实现电子档案来源可靠、管理可信、长期可用的工作目标，具有重要意义。

然而，业内人士也指出，该《办法》虽具有开创性，但实践基础较为薄弱，电子档案移交与接收工作是一项全新的工作，面临许多技术难题和挑战。为做好这项工作，国家档案局牵头成立了电子档案移交接收和长期保存系统建设工程项目，以上海、福建、重庆、青岛、杭州、广州 6 个省市为首批试点，在其档案馆及对应的电子档案移交单位进行部署实施①。之后陆续扩大到了山东、江苏等其他省市。

其中，杭州市从 2011 年起就开始实施试点工作。电子文件管理工作列入了市直单位的专项目标考核；"杭州市电子文件中心"建设项目列入市"十二五"信息化发展规划的重点工程；制定执行了《杭州市电子文件管理暂行办法》，从机制、经费等方面保障电子文件管理工作的推进；2012 年，搭建完成电子文件管理系统，在线接收了市级机关单位电子文件 5349 份，并研究制定了《电子文件元数据方案》等标准规范；2015 年，杭州市档案局承担的国家档案局科技项目"电子档案真实性、完整性、可用性及安全性成熟度模型研究"通过了国家档案局的鉴定。

山东省档案馆于 2015 年通过了"山东省国家电子文件管理信息系统试点工程"竣工验收。项目取得了以下成果：一是应用平台建设，完成了电子文件形

---

① 《电子档案移交与接收办法》解读［EB/OL］．［2016-1-15］．http：//www.sdab. gov.cn/daj/ywzd/jgdagz/ywgf/webinfo/2015/02/1422256502584627.htm.

成办理业务系统的规范化改造，建设了符合国家标准的电子文件管理系统、电子档案移交接收系统和电子长期保存系统。二是标准验证建设，在验证《电子文件管理系统通用功能要求》等国家标准的基础上，结合本省实际，编写了《山东省电子文件和电子档案分类方案》等业务标准和规范。三是数据资源建设，对山东省档案局电子文件进行归档管理，对省直单位电子档案和数字化档案副本进行移交接收。四是安全体系建设，采用标准公文编辑器、版式转换工具、四性检测工具、数字签名、电子公章、可信时间戳、安全审计、容灾备份等技术，确保电子文件的"真实性、完整性、安全性、可用性"，以及电子档案的长期有效保存①。此外，该档案馆还研制了电子文件检测归档移交备份机，被国家档案局列入 2014 年科技成果推广项目。该设备具有电子文件归档、电子档案移交和备份全过程等六大功能。②

2014 年，江苏省档案局圆满完成国家电子文件管理试点工作任务，通过验收的成果包括：理论方面，《电子文件全程一体化管理系统业务需求说明书》《电子文件管理工作指南》；实践方面，电子文件移交和长期保存系统的整合改造、电子文件管理全程一体化系统接口规范。③

浙江省档案馆自 2013 年在全省开展电子档案移交与接收试点工作，确定丽水市档案局和宁波市鄞州区档案局为全省首批电子档案移交与接收试点单位。2014 年，丽水市档案局将本地所有的县档案局都列为试点单位，开展了试点工作，并顺利通过了省档案局的验收。同年，鄞州区档案局也完成了试点任务，并通过验收。

2013 年，海南省档案局组织研发的"电子公文归档管理系统"通过验收。系统包括立档单位电子公文归档管理和省档案馆电子档案管理两个子系统。前者针对的是省直机关电子公文，实现了对电子公文的统一收集、归档、保管、利用、移交等，同时还具有纸质档案数字化挂接等功能。后者则包括电子档案接收、长期保存、利用等数字档案馆核心功能。软件现已在 20 多个省直单位

---

① 山东省国家电子文件管理信息系统试点工程通过竣工验收[EB/OL]．[2016-1-15]．http：//www. sdab. gov. cn/daj/xwzx/sjgz/webinfo/2015/07/1436854721952389. htm.

② 山东省研制的电子文件检测归档移交备份机被国家档案局列入 2014 年科技成果推广项目[EB/OL]．[2016-1-15]．http：//www. sdab. gov. cn/daj/xwzx/sjgz/webinfo/2014/09/1408004091240208. htm.

③ 江苏省档案局圆满完成国家电子文件管理试点工作任务[EB/OL]．[2016-1-15]．http：//www. dajs. gov. cn/art/2014/8/6/art_1228_58718. html.

和省档案馆使用①。

2014 年，国家电子文件管理试点工程项目——"天津开发区档案馆数字档案管理系统"通过专家评审。天津开发区档案馆是全市首批电子文件管理试点单位，其取得的成效如下：一是建成并完善了电子文件归档管理必要的技术支持系统；二是建立了电子文件采集移交平台、数字档案资源管理平台、数字档案检索利用平台；三是建成了文档一体化管理系统、馆室一体化管理系统、电子文件中心管理系统、馆藏综合档案管理系统、电子文件长期保存系统、数字档案检索利用系统；四是推动了电子文件归档管理、移交接收和长期保存的规范化、标准化，提高了归档电子文件管理工作水平。②

江西省档案局于 2013 年启动电子档案移交接收工作，将省委办公厅、省政府办公厅、省委组织部等 40 家省直单位列入了该年度电子档案移交计划。列入计划的单位应向省档案馆移交 5 年前形成的，保管期限为永久、长期、定期 30 年的各门类电子档案。这些电子档案将被归入省馆的电子档案中心，进行格式转换、封装、备份等一系列长期保存管理，并将各移交单位在密级著录项中标注为"公开"的电子档案对外提供利用③。至 2016 年，省档案馆每年都下达移交计划，督促各单位实施。移交的电子档案既有纸质档案的数字副本，也有经电子公文系统、行政审批系统和业务管理系统等办公自动化系统形成并归档保存的电子档案④。

2014 年，内蒙古自治区政府办公厅实现了机关档案管理软件与机关办公自动化软件(OA)的对接。政府办公厅在开发接收和移交接口时，严格按照自治区档案局印发的《内蒙古自治区电子文件归档数据结构规范(征求意见稿)》，从而保证了数据格式正确、交接流畅⑤。另外，为方便各机关单位能按照《内

---

① 海南省"电子公文归档管理系统"通过验收［EB/OL］.［2016-1-15］. http：//www. saac. gov. cn/news/2013-12/27/content_31621. htm.

② 天津开发区数字档案管理系统通过专家评审［EB/OL］.［2016-1-15］. http：//www. tjdag. gov. cn/tjdag/wwwroot/root/template/main/zwxx/bsxx _ article. shtml? parentid = 1& navid = 256&id = 10895.

③ 江西启动电子档案移交接收工作［EB/OL］.［2016-1-15］. http：//jda. cq. gov. cn/gzdt/wzxw/wbxx/38359. htm.

④ 关于下达 2016 年省直单位电子档案移交接收计划的通知［EB/OL］.［2016-1-15］. http：//www. jxdaj. gov. cn/id_2c9081985220986301523f2da59e451c/news. shtml.

⑤ 内蒙古政府办公厅档案管理软件与机关 OA 实现对接［EB/OL］.［2016-1-15］. http：//www. chinadaily. com. cn/hqcj/xfly/2014-08-01/content_12123131. html

蒙古自治区电子档案和机读目录移交和接收数据结构规范》(内档办发〔2013〕17号)移交电子档案,自治区档案馆还开发了"电子文件移交接收工具"供各单位免费使用,该工具可将非标准移交数据统一转换为标准数据。

深圳市档案局于2013年开始电子档案移交与接收的试点工作,各文件集中管理移送单位负责文件的归档、整理、移交及其他类型档案的规范化管理;市文档服务中心(市档案局的下属机构)负责文件的接收、保管、提供利用工作,并在市政府办公厅等单位开展电子文件接收与OA系统对接的试点工作,逐步实现电子文件和纸质文件的双轨制接收①。

湖北省档案局也及时制定了《省直机关电子文件归档管理和规范移交试点工作方案》,首次确定省直机关3家试点单位;同时,对市州进行指导,在机关档案工作目标考评中增添电子档案管理内容,明确要求加强全省各级机关电子文件管理和规范移交。到2013年,试点单位已扩大到35家,向省档案馆移交光盘40张,刻录档案近4.2万件、档案全文近17万画幅②。

此外,还有一些其他省市的档案馆也开展了电子档案的移交接收工作。可以看出,这些成绩较为突出的档案馆中,除了部分档案馆实现了电子文件接收与OA系统的对接,可以在线接收,还是有很多档案馆是以刻录光盘的脱机形式接收机关电子文件③。甚至,还有的档案馆所接收的电子档案中纸质档案的数字化副本占了很大比例,而对原生的电子档案接收的较少。

3.2.2.2 数字档案馆建设情况

在数字档案馆建设方面,2003年,青岛市在全国率先建成数字档案馆,建立了以"三网四库"为基础的数字档案管理体系和服务平台,并建成了电子档案中心和全市档案信息馆际共享、馆室共享、室际共享和社会共享工程。此外,青岛市档案馆在电子文件归档、档案数字化以及在线服务和远程查阅方面也成效显著。目前已接收电子档案21.6万件,档案数字化3426万页,建设目录数据1528万条,84%的档案已实现在线提供利用,互联网网站访问量6400

---

① 2013年全市档案工作计划要点[EB/OL]. [2016-1-15]. http://www.szdaj.gov.cn/xxgk/ghjh/ndjh/201304/t20130426_2132394.htm.

② 湖北电子档案规范移交及容灾备份覆盖17个市州[EB/OL]. [2016-1-15]. http://www.saac.gov.cn/news/2013-01/04/content_22001.htm.

③ 按照刘越男、祁天娇在2012年所做的调查,在全国47家省级、副省级综合档案馆中,已经开展电子文件移交进馆工作的大概有35家,约占75%;在这35家档案馆中,有69%仅采用载体脱机移交的方式;另31%同时使用载体和网络移交的方式。

万人次。2013年,青岛市数字档案馆进入云存储阶段,数字档案馆配备了专用光纤链路、虚拟服务器和20TB云存储空间;借助市云计算与容灾平台,对馆藏数据进行在线存储备份,成功备份档案数据1TB①。2015年,青岛市数字档案馆通过了国家档案局的测试,成为首家"全国示范数字档案馆"。

2015年,江苏省太仓市通过了"全国示范数字档案馆"测试,成为首家通过该项测试的县级数字档案馆。该数字档案馆在档案资源、利用和安全体系方面形成了自己的特色,以局域网、政务网、因特网档案业务平台为基础,构建了全市各基层档案室共建共享的网络化管理模式,其对民生档案查阅利用"进村入户"的创新性探索,更是新时期数字档案馆深化建设的有益尝试②。

浙江省数字档案馆(室)建设成效明显。截至2014年底,全省各级国家综合档案馆已建数字档案馆85家,各级机关、企事业单位已建示范数字档案室965家。部分市、县(市、区)档案馆档案数字化完成率已达100%。

2015年10月,浙江省海宁市通过了国家级数字档案馆测试③,该档案馆建立了资源总库、资源管理库、资源利用库三库。其中,资源总库涵盖了海宁市档案馆所有数字档案,包括目录数据、文书影像件、照片档案、音视频档案等;资源管理库是指局域网数字档案馆支持接收、检测、编目、格式转换、鉴定等档案业务工作流程,同时能辅助实体档案管理;资源利用库是指通过局域网、政务网和因特网,根据不同网段的特点有差别、分范围地将数字档案提供利用,提高与老百姓利益相关的民生档案的利用率④。同时通过此测试的还有嘉兴市数字档案馆。

北京市档案局也于2015年启动了北京数字档案馆(电子文件中心)建设项目。该项目拟采用集约化的建设理念,通过统一建设、统一运维、分别使用的工作模式,建设满足市区两级档案馆、档案移交单位对档案数字资源管理服务需求的区域性数字档案馆,实现对市档案数字资源的齐全完整收集、高效管

---

① 青岛市数字档案馆进入云存储阶段[EB/OL]. [2016-1-18]. http://www.saac. gov.cn/news/2013-08/01/content_26541.htm.

② 太仓通过全国数字档案馆测试[EB/OL]. [2016-1-18]. http://www.jxdaj.gov.cn/ id_2c9081985220726101522084c3f5006f/news.shtml.

③ 海宁成为全国首家"通过国家级数字档案馆测试"的县级数字档案馆[EB/OL]. http://www.zjda.gov.cn/jgzw/zwgk/gzdt/201510/t20151029_338328.html.

④ 海宁市以"三库建设"强化数字档案资源管理[EB/OL]. http://www.zjda.gov.cn/ jgzw/zwgk/gzdt/201512/t20151204_338824.html.

理、安全保存和便捷利用。该项目计划将于 2016 完成建设任务并投入运行①。

深圳市从 2003 年就开始筹建数字档案馆，到 2010 年，市档案馆和市城建档案馆实现了综合档案机读目录和建设工程项目电子档案接收进馆。市档案馆开发运行各类档案管理系统 8 个，部分单位档案部门的档案计算机管理与本单位办公自动化相结合，实现了文档一体化管理。其十二五规划的目标是，到 2015 年，馆藏全部档案建立文件级电子目录，馆藏文书及声像档案全部完成数字化，各级综合档案馆按照国家档案局《数字档案馆建设指南》的要求初步建成数字档案馆②。

另外，还有其他一些省市级甚至区级档案馆也建成了数字档案馆，这里不再一一列举。然而，这些数字档案馆建设情况较好的档案馆主要集中在浙江、山东、江苏、广东等东部沿海地区，多数中西部地区的档案馆仍进展迟缓。甚至，上面提到的这些情况较好的档案馆之间水平也参差不齐，有些刚开始筹建（如北京），有些只实现了部分功能（如深圳），有些则功能较为完善（如青岛、太仓、浙江海宁）。

3.2.3　个人数字档案工作情况

结合个人档案工作情况和电子档案接收及数字档案馆建设情况的大背景，这一部分要分析的是档案馆在个人数字档案方面的工作情况。

第一，各省级综合档案馆的名人档案收集内容中都包括数字档案，如很多省的收集文件中都提到了光盘，《湖北省省级领导个人档案收集管理办法（试行）》中还提到了磁盘③，但是对于光盘或磁盘上的文件类型，比如是音频、视频还是照片、文档，没作具体说明。原则上各省收集内容中的报告、演讲稿、履历表、照片等可以是纸质也可以是数字形式，但从各省对接收到的名人档案的相关报道来看，这些档案的形式仍以纸质为主。各省档案馆的名人档案管理文件中对档案整理、编目、保管和提供利用的规定针对的也主要是纸质和实物类的档案。

---

① 北京市档案局启动北京数字档案馆（电子文件中心）建设项目[EB/OL]. http://www.saac.gov.cn/news/2015-05/27/content_100146.htm.

② 深圳市档案事业发展"十二五"规划[EB/OL]. [2016-1-18]. http://www.szdaj.gov.cn/xxgk/ghjh/fzjh/201208/t20120830_1989569.htm.

③ 湖北省省级领导个人档案收集管理办法（试行）[Z/OL]. [2016-1-20]. http://www.hbda.gov.cn/manage/upload/html/201307231 72439_5835.shtml? netyId=50&newsId=5835.

第二，有关档案馆普通人档案工作的信息中更多地出现了数字形式的档案，尤其是在档案馆教育指导公众建档的信息中，有很多教育指导公众为数字文件建档的内容，比如沈阳市档案局(馆)开发了家庭档案网，里面包含很多指导家庭为电子文件建档的内容①；上海市普陀区档案馆开发的档案管理软件，供广大公众免费下载②，更是方便了家庭数字文件的建档和管理等。但是在收集进馆方面，目前档案馆收集的家庭档案中仍然较少有数字档案。

第三，档案馆的电子档案接收工作目前针对的主要是机关的电子档案，尤其是省直、市直机关，尚未开展针对个人的电子档案接收工作。数字档案馆的建设也多是与机关的 OA 系统相结合或者准备要与其结合，以便接收机关形成的电子档案，极少关注对个人数字档案的在线接收。不过其资源库中也包含很大一部分馆藏资源数字化之后的内容，这其中会包括一部分名人档案。

3.3　电话访谈结果

由于个人档案工作的整体情况已在网站上调查的较为清楚，访谈时对背景情况的调查主要针对电子档案接收及数字档案馆建设的情况，在此基础上，调查名人数字档案的收集、管理和提供利用情况。至于普通人的档案，本书访谈到的档案馆都极少开展这方面的工作，因此不再专门介绍。

3.3.1　电子档案接收和数字档案馆建设情况

网站调查中获得的有关档案馆电子档案接收和数字档案馆建设的信息主要来自一些情况较好的档案馆，而对于更多档案馆来说，其电子档案接收和数字档案馆建设仍然在探索阶段；即使是那些情况较好的档案馆，有一些从网站调查中获得的信息仍然过于宽泛。因此这里的访谈补充了一些其他档案馆的情况，并进行了一些更为细致的调查。部分访谈的结果如下③(档案馆的编号采用大写英文字母)：

档案馆 A：目前我们接收的机关档案都是一套纸质档案和一套电子档案，

---

①　网址为 http：//www. jtdaw. com/.

②　下载地址为 http：//ptda. zsdaj. gov. cn/shtml/9420/681889/detail_1. shtml.

③　有些档案馆尚没有开展人物档案工作，因此就没有调查其电子档案接收和数字档案馆建设情况；有些档案馆尚未开始电子档案接收或数字档案馆建设，因此也略去了其内容。

电子档案主要是后期数字化的，线下(拷贝)移交。

档案馆 B：2002 年就开始接收电子档案，但最初是纸质扫描版，现在已接收原生电子文件。接收形式仍然主要是拷贝(不过也进行了电子档案在线移交与接收试点工作)。接收前会对电子文件进行真实性验证，电子文件著录的标准是参照《DA/T 46-2009 文书类电子文件元数据方案》。

档案馆 C：接收机关的电子文件，主要是纸质扫描版、离线接收(也有原生电子文件在线移交与接收试点)。

档案馆 D：接收的机关文件以纸质为主，但是也有原生电子文件及纸质扫描版。从技术上，立档单位的电子文件已可在线接收，但是具体实施上双方都还有适应过程。

档案馆 E：我馆的数字档案馆在年底(2015 年)终验，终验之后还需大力开展馆藏档案数字化和电子档案在线接收。目前接收的机关档案仍以纸质为主，同时接收纸质的扫描件；原生电子文件很多不符合要求，所以还是要打印出来归档。

档案馆 F：目前没有实现机关电子文件的在线接收，正在建设文件平台数据库，将来是要实现电子文件与元数据的同步接收，具体的接收和管理模式仍在研究阶段。数字化工作是对馆藏档案分阶段数字化，先是对于文书档案 100% 数字化，之后就是业务档案的数字化。对已完成数字化的档案提供在线检索(在局域网内)，但仅能查到开放档案的条目。

档案馆 G：已经建成数字档案馆，接收纸质档案的同时，在系统中挂接其扫描件。目前移交的纸质档案主要是 2000 年以前的，现在的原生电子文件尚未移交。数字档案馆中的档案可以在线查看，但要在查阅大厅分配权限之后。

档案馆 J(区级档案馆)：我馆接收的主要是各单位的文书档案，一般是纸质档案和电子目录，暂时没有接收各单位的电子档案，各单位电子档案自己保管，我们只负责业务指导，但是电子档案的保管会列入到我们对各单位的档案管理执法检查中。

档案馆 N：数字档案馆建设仍处于前期规划阶段，十三五期间争取完成 70% 的馆藏档案数字化。

另外，笔者访谈的某事业单位的档案室主要接收纸质档案，而某国企的档案室信息化水平较高，归档实行纸质和电子档案双轨制，提交纸质档案的同时，要在线提交电子版。该单位开发了功能强大的内部网站(企业信息管理系统)，每个员工都有一个账号，由各科室的文秘人员负责集中上传电子档案，并打印移交清单。档案室向各科室印发了文书、科技档案整理与归档细则，还有自己的档案管理制度。其大部分档案都能直接借阅电子版(2010 年以后各科室开始移交电子档案,以前的档案也根据借阅情况进行了数字化)。

可见,大部分档案馆接收的机关档案中仍以纸质档案为主;有些档案馆开始接收电子档案,然而却是纸质档案的扫描版(即年代较久的档案,不是以电子形式形成,或者最初有电子版但未及时归档,只留存了纸质);还有一些档案馆开始接收原生电子文件;不少档案馆是这三种形式中的两种或三种同时接收。电子档案的移交形式仍以拷贝为主,在线接收的障碍一方面来自技术,还有一方面是来自各单位和档案馆的习惯,即实施过程中单位和档案馆双方都有一个适应过程。数字档案馆的建设方面,一些档案馆的情况是框架已搭好,但尚未填充内容,即馆藏资源还未全部完成数字化,增量电子档案也未开始大量接收;还有些档案馆是数字档案馆还没有建立起来,馆藏数字化也正在进行中;另外,这些馆的数字档案馆的在线提供利用仍限于局域网(即馆内)。访谈到的某国企的电子档案接收、管理和提供利用情况都较好,一方面可能与其资金雄厚有关,另一方面也可能是因为其属于企业内部档案室,档案利用率较高,为配合快节奏的企业运作,其文件工作也尽快实现了信息化数字化,方便快速管理、归档、查阅。

3.3.2 名人数字档案工作情况

1. 收集内容

在网站调查中,笔者了解到一些档案馆的收集文件中提到了光盘磁盘,但是不清楚这些载体上面具体是哪些类型的数字文件,而且收集办法中的表述比较概括,比如只指出照片是收集内容之一,但具体收集时收集的是纸质的还是数字的照片在这里看不出来。为此,笔者在电话访谈时,专门确认了这方面的情况,结果是大部分档案馆收集的名人档案中,数字档案的类型主要是照片和声像档案(但这种多是档案馆后期主动采录),基本上尚未展开其他类型数字档案的收集。只有极少数档案馆已征集到 E-mail 等其他形式的名人数字文件。另外,访谈中还了解到档案馆会征集一些纸质档案的扫描版。以下是部分访谈内容:

档案馆 A 的相关访谈内容(Q 代表访谈者,A 代表访谈对象,下同):

Q:“目前贵馆收集的人物档案中,有没有电子形式的档案?”

A:“交了一些电子照片,还有一些视频,这是主要的电子档案,其他的就比较少。”

Q:“未来贵馆有收集名人的其他电子文件的计划吗?”

A："请界定一下电子文件，纸质扫描版算吗？"

Q："算，原生电子文件和纸质扫描版都算。"

A："暂时还没有收集其他原生电子文件的计划，并且我们的名人档案暂时也没有对馆藏进行数字化的计划，因为名人档案我们主要还是展览用，比较倾向收集实物。另外，由于名人电子档案的收集涉及名人的隐私，工作开展的难度比较大。电子档案我们原则上也是收集的，只是在具体的接收过程中没有名人捐赠电子档案。纸质扫描版我们之前没有收集，现在做的一些档案征集如果别人不愿意把档案实体捐赠给我们，我们也考虑电子档案，当然首选还是要实体档案。"

档案馆 B 的相关访谈内容：

Q："目前贵馆收集的人物档案中，有没有电子形式的档案？"

A："有采录的名人声像档案，也有少量光盘，但光盘上主要还是照片及声像档案，像 E-mail、网页之类电子文件基本没有接收，因为目前征集范围内的名人年纪一般都很大了，E-mail 基本不会使用，即使有账号一般也是由秘书或名人子女代用。"

Q："贵馆未来有没有打算收集其他名人电子文件，如果没有打算，可否设想一下名人电子文件收集工作如何进行？"

A："暂时还没听说有这方面的计划，未来还是更希望收集实体档案，因为更有收藏价值，至于电子文件，还是希望收集的时候名人已经自己整理好。"

档案馆 C 的相关访谈内容：

Q："目前贵馆收集的人物档案中，有没有电子形式的档案？"

A："有口述档案，还有数字化的照片，还接收过一些院士的笔记，经过扫描后的。"

档案馆 D 的相关访谈内容：

Q："目前贵馆收集的人物档案中，有没有电子形式的档案？"

A："接收原生电子档案，也接收数字化转换档案，但目前仍是纸质和实物为主。"

档案馆 F 的相关访谈内容：

Q："目前贵馆收集的人物档案中，有没有电子形式的档案？"

A："目前我馆没有接收电子形式的人物档案，将来也不一定会接收。我们馆的名人档案接收并没有形成一种日常工作，仅在征集工作中略有涉及，且目前为止没有出台名人档案管理办法。"

档案馆 G 的相关访谈内容：

Q："目前贵馆收集的人物档案中，有没有电子形式的档案？"

A："目前我们接受的名人档案还是以实物档案为主，比如照片、手稿、文件等，也有一些电子照片，其他电子档案如 E-mail 等还没有接收。"

档案馆 H 的相关访谈内容：

Q："目前贵馆收集的人物档案中，有没有电子形式的档案？"

A："我馆只征集著名人员档案和已故人员档案，其中已故人员档案是在人事档案的基础上形成的，基本没有电子档案的存在，不知道以后人事档案是否会有变化，至少目前没有。著名人物档案，现在没有一个固定的收集范围和整理办法，所以只要征集人员认为有保存价值，不管是纸质的还是电子的，只要对方提供，都收。"

档案馆 I(县级档案馆) 的相关访谈内容：

Q："目前贵馆收不收集名人档案，其中有没有电子形式的档案？"

A："我馆做过名人档案征集工作，但没有征集到。目前我馆接收的档案基本以各单位移交的纸质档案为主，也会有些声像档案和照片档案等。"

档案馆 J(区级档案馆) 的相关访谈内容：

Q："目前贵馆收不收集名人档案，其中有没有电子形式的档案？"

A："目前基本不接收电子形式的名人档案。名人的字画之类在我馆都是寄存形式，我们只负责保管。这里没有特别珍贵的档案，因为一般都当文物进博物馆了。"

档案馆 K(高校档案馆) 的相关访谈内容：

Q："目前贵馆收集的人物档案中，有没有电子形式的档案？"

A："有，本馆出台了《××大学著名人物档案管理办法》，其中规定征集内容有照片、录音录像、光盘、口述材料等。"

另外，该馆与该校图书馆合作开发的名师库中，围绕某位名师，搜集了其相关电子资料，比如著作及发表的论文，提供图书馆中的电子书全文链接、论文在图书馆数据库中的链接或在 Google 学术中的链接；还有网络新闻中对名师的评价，提供该新闻的原文及链接；此外还征集到了名师的课件。

档案馆 L(高校档案馆) 的相关访谈内容：

Q："目前贵馆收集的人物档案中，有没有电子形式的档案？"

A："我们人物档案是从去年下半年(2014 年)开始准备这件事的，今年五月份出通知，正式开始开展该工作，开展该工作主要是需要个人配合，但实际操作中，很多人物不愿意将自身的资料贡献出来，工作开展比较困难。至于电子版，基本上没收集，一是因为我们电子文件管理本来就还不系统，另一方面是纸质文件收集都比较困难，电子文件操作更为复杂。但是，考虑到现状，比如老师不愿意捐献自己资料，我们会考虑进原件扫描件，同时后期也有可能会将征集到的资料数字化，但目前我们还处于起步阶段，这些都还没进行。"

档案馆M(高校档案馆)的相关访谈内容：

Q："目前贵馆收集的人物档案中，有没有电子形式的档案？"

A："我馆现在没有人物档案这个类别，以前有。以前人物档案是副高以上的一人一卷，后来副高太多，每个人的材料也太多，就没有再收集了。事情太多，目前名人档案、口述档案都还没有启动。名人的实物和材料太难收集，反应名人地位的科研成果、荣誉表彰、手稿等名人都不愿交，一般都是自己保存，最多给我们拍好的照片，原件太难收到。"

档案馆N的相关访谈内容：

Q："目前贵馆收集的人物档案中，有没有电子形式的档案？"

A："有，原生的和数字化的都有，比如照片、录音录像、电邮等。"

另外，对某国企档案室和某事业单位档案室的访谈结果是二者都还没有开展人物档案工作，更谈不上人物的电子档案，不过其中的事业档案单位档案室有收集人物档案的打算。

2. 收集对象

笔者在网站调查中了解到的主要是综合档案馆名人档案的收集对象，电话访谈中又了解到高校档案馆名人档案的收集对象，是对网站调查的补充。高校档案馆K的工作人员向笔者提供了该馆的文件，其收集对象包括：(1)中国科学院院士、中国工程院院士；(2)人文社会科学资深教授；(3)建国后的学校正职领导(包括合校前各校正职领导)；(4)曾任国家一至三级教授。

3. 收集方法

笔者访谈的各综合档案馆主要是通过征集来获取名人档案，征集的方法主要有在网站上发布通告、主动联系等方法，在联系时可以先确定范围，然后进行一对一、点对点的联系，或者针对家族、学会或协会等进行集群式联系。有些馆的征集工作以发布通告为主，有些馆则主要靠上门收集，尤其是一些重要领导的档案。不同的征集方式视各馆的重点收集对象而论。

另外还会通过购买或搞活动的方式获取档案。比如先征集然后展览、评奖，对获奖者发放奖金并保留其档案。

高校获取名人档案也是通过捐赠、寄存、复制、购买等方式进行，但其收集工作比较系统，具体步骤是：①档案馆按照收集范围，分批提出名人档案收集名单，由校长办公会议批准后予以公布；②全校各相关单位根据名人档案的收集内容，及时做好名人档案材料的收集工作。该馆还规定了各单位的职责分工：a. 现任和历任校党、政领导的档案收集工作分别由党委办公室、校长办公室负责，并由相关单位予以协助，现任领导的档案收集工作在今年 12 月底以前完成①，历任领导的档案收集工作在明年 6 月底前完成；b. 其他名人的档案收集工作由各院系等相关单位具体负责，在明年 6 月底以前完成。

可见，高校档案馆获取名人档案也是在协商自愿的基础上，但是在档案馆和名人中间还有各单位负责人，档案馆向各单位负责人下达任务，各单位负责人想办法在协商自愿的基础上获取名人的档案。

4. 移交方式

经过访谈调查，各档案馆收集到的电子形式的名人档案，其移交方式都是直接移交光盘或通过拷贝形式，尚没有远程在线传输形式。

5. 收集时间

有些档案馆表示没有固定的收集时间，部分档案的收集是在名人离世或退休后；部分是在名人离世或退休前，只要该人物达到了名人的标准，就主动联系接收。有些档案馆指出其收集的名人档案更多来自在世的名人。还有档案馆指出主要是在名人退休的时候进行收集。

很多档案馆都表示，他们当然希望能名人在世的时候就进行及时收集（前提是这些人确已达到名人标准），然而由于收集工作进展较慢，目前还是有很多历史遗留问题（即已离世名人档案的收集）需要解决。

6. 管理

对于名人电子档案如何管理，调查中结合了各馆的数字档案馆建设情况，即向受访者提问能否将名人电子档案工作纳入其数字档案馆建设中或者已建成的数字档案馆是否包含名人档案收集管理方面的功能，各个档案馆介绍了本馆的情况，并给出了自己的看法，比如：

档案馆 B："将人物档案纳入数字档案馆是可行的，只是不可能要求名人档案的元数据完整，要求会比机关电子文件低。我馆的数字档案馆中有名人库，一些名人的档案，如知青档案、劳模档案等都已实现数字化。"

档案馆 E："我馆的数字档案馆正在建设中，建成之后将有声像档案采录编系统，其中将会包括名人声像档案。另外，知青档案已全部实现数字化。"

档案馆 F："我馆的数字档案馆目前尚没有名人档案模块。"

---

① 文件的发布日期是 9 月份。

档案馆 D："名人电子档案的著录参照国家档案局的标准。"

档案馆 G："已经建成数字档案馆，但是尚未录入名人档案，只有名人档案的目录数据。"

另外，高校档案馆 K 正在开发××大学名人档案管理系统，除了系统管理员(负责系统管理维护)、业务管理员(对名人信息进行管理)之外，名人本人也可登录系统，但只能查看、浏览名人档案资料的案卷级和文件级目录信息，不能进行其他操作。业务管理员可以向系统中导入档案全文、图片及目录数据，名人的原生电子文件和纸质扫描版都能导入。系统还有著录、查询、打印、浏览(支持浏览全文、照片、影像资料和实物图片等)、统计、匹配档号等功能。

该系统将能实现学校名人档案管理工作流程的系统化、规范化和自动化，具有存储量大、检索方便、性能可靠、安全保密等优点。这些优点能使名人档案管理的效率得到提高，同时也是管理科学化发展的有效途径。

7. 提供利用

一些数字档案馆中有名人库，实现了名人档案的数字化；还有一些档案馆提供名人档案的在线目录，或实现了部分名人档案数字化；在提供利用方面，已经完成全部或部分数字化的档案馆可向公众提供在线目录检索，但是在线浏览全文要经过申请。多数档案馆不提供全文浏览，一方面是还没有完成数字化，另一方面名人档案涉及名人的隐私权和著作权，其公开时限需要征求名人的意见。

高校档案馆 K 与同校图书馆合作开发了名师库，向全校师生及社会免费开放，只要联网，就可浏览到名师库中的所有内容，包括名师的简介、照片、成果目录等，论文及著作提供全文链接，网络新闻中对名师的评价也提供全文及链接，另外还提供在线播放名师课件。

3.3.3 图书馆、文学馆的情况

笔者还调查了武汉大学图书馆、国家图书馆、新乡市图书馆和中国现代文学馆，其各自情况如下：

武汉大学图书馆没有手稿部，但是接收名人捐赠的藏书或个人著作，主要是纸质版，目前基本没有电子版。但是接受过名人的电子邮件。另外还和本校档案馆联合开发了名师库，提供名师档案在线浏览，包括个人传记(基本信息)、笔耕档案(图书、论文、科研项目、专利发明、课件)、影像故事(照片、录音录像、口述档案)、社会记忆(名师快讯、社会记忆，主要是关于名师的

新闻及他人的纪念回忆文章)等栏目。其中图书、论文提供图书馆或 Google 上的全文链接,新闻、纪念回忆文章提供全文及原文链接,课件可在线播放。

国家图书馆也没有手稿部,但也接收名人捐赠,主要是纸质图书。另外,该馆还在其网站上开发了名人专藏馆,名人的档案分为人物简介、人物生平(人生各个阶段的经历)、年谱年表(按年介绍名人一生大事)、专藏特色(包括藏书概况和各类藏书,其中还专门列出了名人题赠本、批校本图书及名人收藏的手稿本图书)、藏品影像(手稿墨影、出版著作、藏书撷影,是名人各种图书的照片或扫描图像)、推荐阅读(提供名人的著作、他人对名人的研究及传记作品)、纪念活动(提供纪念该名人的活动的资料)。其中推荐阅读栏目里,提供名人著作、他人对名人研究及传记作品的全文链接,纪念活动里也提供活动的全文链接。在人物简介、人物生平、专藏特色里穿插了名人的照片。还有其他名人的专藏馆里提供名人相关视频、讲座链接。与武大图书馆的名师库相比,该馆的名人专藏馆更侧重名人的藏书,而不包括名人发表的论文、科研项目、专利发明、课件等内容。另外,该馆的中国记忆项目实验网站上还有中国当代音乐家专栏,提供音乐家简介、主要作品清单,并提供音乐家演奏视频。

武大图书馆的名师库中,名师资料的获取除了由该图书馆在网络、本馆馆藏中搜集,还有通过向本人征集获取,另外还有在名师库网站上面向广大师生征集;而国家图书馆的名人专藏馆主要是依据本馆馆藏。而且,武大图书馆的名师库更具规模,首批展示的名师就有 171 位,还会陆续添加其他名师;而国家图书馆的名人专藏馆目前只有 3 位。此外,名师库中收录的名师是在武汉大学的各个发展阶段有着重要影响的名师,从民国到当今都有;而名人专藏馆中的名人则是生于 19 世纪末,卒于 20 世纪 50、60、70 年代的历史人物。

另外,笔者还调查了一个新乡市图书馆和中国现代文学馆,二者目前都未曾接收名人的电子手稿或其他电子文件。

3.4 现状总结及问题分析

通过调查,可以大致了解目前国内省级档案馆及部分市、县、区级档案馆的个人数字档案工作情况。另外,通过几个代表性的高校档案馆、国企档案室、事业单位档案室、图书馆、文学馆,也可以大致了解其他类型档案馆及其他机构个人数字档案工作的一些情况。本章最后对调查的情况进行了总结,并分析调查中发现的问题与不足。

3.4.1 现状总结①

第一，大部分省、自治区、直辖市的档案馆都已开展名人档案工作，其中部分档案馆的名人档案工作已经成为本馆一项重要的工作内容，出台了名人档案的收集办法和管理办法，名人档案工作有章可循，比较规范和系统。

第二，部分档案馆开展了普通人档案方面的工作，主要包括收集普通人档案、与平民档案馆联合办展、向公众宣传指导建档三个方面。但大部分档案馆仍主要关注名人档案。

第三，少数档案馆已实现机关电子档案的在线移交和接收，但很多档案馆仍是移交纸质档案及其扫描件，还有一部分档案馆已开始将其原生电子档案拷贝下来离线移交。部分档案馆已建成数字档案馆，可对电子档案进行在线管理，有电子档案著录等方面的标准规范，可对电子档案进行"真实性、完整性、安全性、可用性"检测，确保电子档案的长期有效保存。但有些数字档案馆只是实现了将拷贝来的电子档案挂接到系统中，提供在线检索和目录浏览，档案管理业务还主要是线下进行。

第四，虽然有些馆的名人档案收集办法中提到了电子档案，但各馆实际收集过程中电子形式的名人档案仍主要停留在数码照片、视频、口述材料等形式的档案，另外还有纸质档案的扫描图片，极少数档案馆收集过 E-mail、文档、网页等其他形式的原生电子文件则基本没有收集。

第五，档案馆介入收集名人档案的时间方面没有统一的规定，很多档案馆自身也没有一个固定的时间，不过大多是在名人退休或离世前后。

第六，只有少数档案馆对馆藏的名人档案进行了数字化，大部分档案馆只有名人档案的在线目录，甚至连目录都没有录入档案管理系统或者数字档案

---

① 国外一些机构也开展过相关调查，笔者在这里提供一些简要的调查结果，以供参考、对比。2002 年，加拿大档案工作者 Karyn Taylor 调查了很多加拿大档案机构，以了解个人电子档案的收集和保存政策状况。国家、省和大学机构的回应各不相同，但是 Taylor 指出，"关于如何处理个人电子档案，各机构没有一致的意见。不过，其中一些机构似乎刚开始考虑这个问题"。2008 年，在对美国 125 个收集机构的调查中，档案工作者 Susan E. Davis 发现，"档案工作者在实践上已将原生数字档案纳入馆藏，虽然在收集政策上还没有进行调整"。2010 年，在一项针对加拿大中小型档案机构的调查中，InterPARES III 项目了解到省、大学、社区的档案馆和一些图书馆目前接收个人数字档案，但许多机构并没有足够的政策或措施来处理数字文件的收集和/或保存。简言之，许多档案机构意识到了个人数字档案的价值，但尚没有具体的收集和保存方法。

馆。名人档案的管理办法主要针对的是纸质的和实物的档案，名人数字档案的管理尚无专门的文件指导。对名人档案的开发和提供利用主要体现在编研、开办展览等方面，只有极少数档案馆实现了部分名人档案的在线查询利用。

第七，普通人的数字档案方面，一些档案工作比较先进的档案馆对公众的教育指导活动中多次提到了公众的数字文件。收集活动中也有一些数字档案，但主要是口述材料、征文等在档案馆的引导下形成而非自发形成的档案，此外还有一些纸质照片的扫描版。

3.4.2 问题分析

我国档案馆个人数字档案工作上的问题可以归结为以下几点：

第一，很多档案馆目前尚未开展个人数字档案的收集工作，或者只收集了数码照片等少量的数字档案。这一现象是由多方面的原因造成的：从客观上说，第一个原因可能是目前档案馆收集计划内的名人有些是已故名人有些是年事已高的名人(毕竟要达到名人标准需要一定的资历)，他们对电子设备的接受度不如年轻一代，因而形成的电子文件较少；第二个原因可能是档案馆的档案管理现代化和信息化水平还不高，机关电子档案的接收以及数字档案馆的建设工作还没有或刚开始起步，因而还没有达到收集管理个人数字档案的地步；第三个原因可能是个人、尤其是名人的档案较难收集，一些名人不愿将档案存放在档案馆。这些客观因素会在一定程度上影响档案馆个人数字档案工作的开展，然而，笔者认为，它们并不是决定性的因素，真正关键的因素还是档案馆主观上的，即观念上的。

从第一个原因说起，档案馆要收集的名人档案中的确有一部分是针对已过世或年事已高的名人的，但仍有相当一部分名人是在中年甚至更早就有了非凡的成就达到了名人标准，他们有很多数字文件需要建档保存，然而档案馆却没有收集；档案馆可能会认为数字文件价值不高，因为他们收集的名人档案最主要用于展览，所以更倾向于收集实物和纸质的档案，认为这些收藏价值更高(参见3.3.2中就名人数字档案收集内容对档案馆 A、B 的访谈)；还可能认为收集一般是在名人退休或即将离世时，在中年甚至更早时介入收集不妥，收集的难度较大等，这些主观上的因素才是档案馆没有展开收集的关键。至于第二个原因，档案馆的机关电子档案接收和数字档案馆建设情况也不是档案馆开不开展个人数字档案收集工作的决定性因素。数字档案馆的建设情况会对进馆以后的个人数字档案的管理有一些影响，然而并非没有数字档案馆就无法进行个人数字档案的管理。机关电子档案的接收也只是作为个人数字档案收集工作的参考，而不是其技术上的基础，因为二者不是通过同一个平台接收的，且其性质相差很大，个人数字档案的接收没有机关那么复杂。即使这样，在档案馆看来，以上两种情况还是会对个人数字档案收集产生影响，因为机关电子档案接收和数字档案馆都没建好，无暇顾及个人数字档案的收集，也就是说，真正关键的因素仍然是观念上的，即档案馆不重视个人数字档案的收集工作，也没有认识到该项工作的紧迫性。最后一个原因，个人档案难以收集，对于某些个人的某些档案来说，这是事实。因为涉及其隐私权、知识产权等各种权益，然而，这只是问题的一个方面，问题的另一个方面其实还是档案馆的观念，即这些困难其实都是可以通过迂回或创新的方式进行解决的，前提是档案馆要重视并愿意投入这方面的行动，并且改变对这些困难的传统看法。

第二，档案馆介入收集名人档案的时间一般是在名人退休或离世前后，这在以往以纸质和实物档案为主的时代比较合理，然而，在如今的数字时代，介入时间太晚难以保证接收时重要的数字文件还在或者还能被读取。至于原因，笔者在本书开头的选题背景中已经阐明，这里不再赘述。在这里需要指出的是，由于档案馆目前面临的一批名人中有一些人年事较高、形成的电子文件较少，因而收集时间早晚的问题似乎看起来还不太重要，但是对于其中那些年纪较轻、有较多电子文件的名人，还有下一批以及之后的名人，若要保证收集到其重要的数字文件并且是完好无损的数字文件，档案馆或许需要尽早考虑这个问题。

第三，在对个人档案的管理上，除了极少数档案馆专门开发了名人档案的管理系统，大多数档案馆的工作方法仍然简单原始，难以满足数字时代个人档案的管理要求。比如，档案馆有关名人档案的管理办法中规定，音像、证书等特殊载体的档案，按其所反应的内容与纸质档案统一整理、编目，但保管时可单独存放。这里的特殊载体应当也包括光盘、磁盘等，但这种简单的的管理方法却难以保证这些载体上数字资源的长久有效保存，档案馆的个人数字档案管理方法亟需改进。不过，需要注意的是，这种改进不能一蹴而就，鉴于各馆的信息化和数字化水平的不同，各馆可以根据自身的情况，因地制宜、循序渐进地开展个人数字档案管理工作。

第四，档案馆对公众建档的教育指导意义重大，然而除了少数档案馆，目前大多数档案馆教育指导的重点仍然是纸质文件的建档，对数字文件的建档关注不够。实际上，随着个人电脑和互联网的普及，个人及其家庭形成的数字文件越来越多，档案馆需要认清这一现实，在教育指导时对数字文件的建档有所侧重。

　　鉴于这些问题，下面的四个部分将分别从这四个方面出发提出对策，即：对于第一个问题，提出档案馆在开展收集工作之前首先要改变观念；对于第二个问题，提出要提前介入收集，这样才能保证能够收集到且收集到完好无损的个人数字文件；对于第三个问题，针对个人数字档案的管理，提出根据各馆的基础和条件，因地制宜开展个人数字档案的管理工作；对于第四个问题，则提出档案馆要加强对公众数字文件建档保存方面的教育指导。

4 改变观念
——档案馆应对个人数字文件保存挑战的第一步

本部分是针对现状调查中所总结出的第一个问题——很多档案馆尚未开展个人数字档案收集工作或者收集的个人数字档案较少——提出的对策，笔者在前面的问题分析中已经指出造成该问题出现的一个关键因素是档案馆的观念，因此这里提出了两条改变观念的途径：认识参与个人数字文件保存的必要性和意义；重新思考个人数字档案收集中的困难和问题。

4.1 认识参与个人数字文件保存的必要性和意义

4.1.1 必要性

这里的"必要性"是指：基于哪些因素，档案馆必须开展个人数字文件的保存工作？对该问题的解答主要可从以下几方面：

①个人的数字档案是数字时代社会记忆的重要组成部分，而要保护这些数字档案必须从源头上就开始介入①。档案馆的目标是保存社会的记忆，而个人的档案是社会记忆的重要组成部分。正如苏·麦克米西曾在其影响甚广的文章 *Evidence of me* 中所言，"我的证据"（个人的各种记录）能够见证个人生活，构成社会集体记忆和文化认同的一部分，并通过档案工作者的收集工作，变成"我们的证据"②。

在数字时代，个人的档案主要呈现为数字形式，因而个人的数字档案成为社会记忆的重要组成部分。而鉴于前文已经论述过的这种档案在进馆之前极易

---

① 这一点在前文的"选题背景"和"问题的提出"中都有所论及，然而作为个人数字文件保存与档案馆之间关系中的最基本最重要的一层，这里仍要进行论述。

② McKemmish S. Evidence of me [J]. The Australian Library Journal, 1996, 45(3): 174.

流失或损毁的特性，档案馆必须从源头上介入保存。

②对于历史学领域及其他领域的研究者来说，很多时候来自非官方的记忆更全面更真实，因而要保护这些非官方的记录。美国档案学者 Richard J. Cox 曾在其著作 *Personal archives and a new archival calling：readings，reflections and ruminations* 中指出，人们的信息渠道有正式和非正式两种，而那些民间的非正式的信息对研究当代文明来说将是最丰富的档案资源①。

以广东省档案馆的"抗战口述历史"项目为例，2005 年中国抗日战争胜利60 周年之际，省档案馆向社会公开了馆藏的抗战档案史料，共 2 万多卷。但其负责人指出："要全面、客观、真实地了解和研究广东抗战史，光靠这些历史形成的纸制史料，远远不足。"比如，馆藏档案多集中于广东工业界遭日寇破坏的情况，而对文化方面的损失，却没有太多记载，为此，省档案馆决定通过口述历史来补缺；并且，以往学术界对东江纵队、珠江纵队等共产党领导的抗日武装的史料收集研究比较充分，而对国民党正面战场抗战的历史，重视不够，因此，这次省档案馆寻找口述人，特别留意参加国民党军队的抗战老兵②。这些口述材料虽然不算个人自身形成的信息记录，然而作为来自个人的记忆，它们也在一定程度上反映了个人数字档案的史料价值。

又如，河南省档案馆一位工作人员留心到三位注重保存历史记录的民间人士，其中两位爱好摄影，如果把二人拍摄和保存的新中国成立到改革开放前的照片加以系统汇编，基本上就是中华人民共和国成立几十年来该省的发展过程写照；另一位勤于笔耕，坚持写日记和收藏各种资料，他的一生虽然平凡，但其经历却是一代人和中华人民共和国成立 60 年来革命、建设事业发展的缩影。该工作人员认为，三人所保存的照片和资料，虽然是特定时期、特定情况下某些事件的细小片段，是历史长河洪流中的点滴之水，然而，正是这些细小片段和点滴之水，从一个侧面彰显了我国波澜壮阔的革命和建设事业，汇聚成了真实而生动的中国近代史卷③。

当然，这种看法主要是基于历史学家的角度，但鉴于从过去到现在甚至在

---

①　Cox J R. Personal archives and a new archival calling：readings，reflections and ruminations [M]. Duluth，Minn：Litwin Books，2008：104-105.

②　南方都市报报道："做口述史像和时间赛跑"——省档案馆启动相关项目，收集整理亲历抗战者的口述资料[EB/OL].［2016-03-09］. http：//www.da.gd.gov.cn/WebWWW/collection/zjxxView.aspx? Type＝1&ItemID＝3306.

③　关于收集民间保存的档案资料的尝试［EB/OL］.［2016-03-09］. http：//www.hada.gov.cn/html/News/0_2076.html.

将来历史研究人员都是或者将会是档案馆的主要用户群体之一，即使是单纯为了向历史研究人员提供服务，档案馆也必须考虑个人档案的重要价值；在数字时代，尤其要考虑个人数字档案的价值，并从源头上保存好个人数字文件。

③个人的存档意识不强，商业机构不关心文化遗产和社会记忆的保存，个人数字文件的保存需要档案馆等公共文化机构来推动与实施。笔者曾对比过国内外在个人数字存档方面的实践，得出国外的个人数字存档实践成果主要表现在三个方面：一是有很多面向个人的存档产品和服务，都是商业机构开发的；二是一些科研、文化机构或个人开展了个人数字存档方面的实验性研究项目，其中有些研究成果还转化成了产品上市；三是档案馆、图书馆等文化机构通过各种途径向公众提供了存档方面的宣传教育和指导。相比之下，国内的个人数字存档实践虽然也取得了不小的进展，然而仍有不足，主要表现在：第一，本土的存档产品和服务品种较为单一，国外的很多存档产品和服务进入了国内市场，然而却存在网站打开困难、服务不稳定等各种问题；第二，缺乏相关研究项目；第三，据调查，目前国内除沈阳市档案局等少数案例外，其他许多档案馆、图书馆尚未考虑公众数字文件的保存问题，也未开展相关的宣传指导工作。

我国个人数字存档实践的这三点不足其实是相互交叉相互关联的。一方面，国内本土的存档产品和服务的欠缺与相关实验性研究项目的匮乏之间有某种程度的关联；另一方面，本土存档产品和服务的欠缺也与国内公众存档意识不强有一定关系，商家的产品和服务是以市场为导向的，如果公众对个人数字文件存档的重要性和紧迫性认识不够，商家会担心产品和服务没有市场。在这一点上，档案馆和图书馆面向公众的宣传活动恰好能起到扭转作用。

从根本上讲，商家、研究项目和文化遗产保存机构对个人数字存档实践的参与主要是基于个人动因和社会动因两方面的考量（见图4-1）：个人动因是指对个人来说，其数字文件具有长期保存的价值，如可备将来使用，可用来回忆过去，可为亲友留存记忆等，然而其长期留存却有安全风险，因此个人希望采取一些办法将其数字文件长期保存；社会动因则是指对社会来说，个人的数字文件也具有长期保存价值，如可为下一代保留文化遗产和社会记忆等，然而却同样存在安全风险的问题，因此从社会的角度出发，也需要通过一些途径将个人数字文件长期保存。如图4-1所示，商家是从个人动因出发进行存档产品和服务的开发的，个人有存档需求或潜在的需求，商家才会投入生产。文化遗产保存机构则是从社会动因出发，主要着眼于为未来保存文化遗产和社会记忆，除了自身进行保存（即接收到馆内保存）外，其实现过程中也会用到个人动因，即通过宣传指导活动提高公众的存档意识和存档能力，借助公众的力量达到保存文化遗产和社会记忆的目的。而对于研究项目来说，两种动因都可能在考量范围，因为项目发起者可以是个人(如国外的 1 Second Everyday 项目①)，也可以是服务于商家的研究团队，还可以是图书馆、档案馆等文化遗产保存机构。其中，前两种项目都是基于个人动因，而后者是基于社会动因。

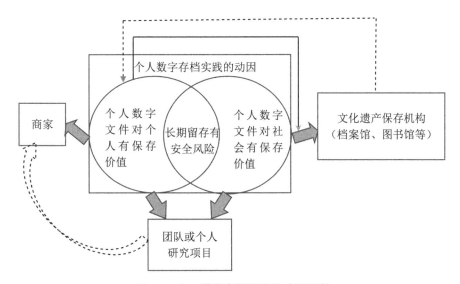

图 4-1　个人数字存档实践的动因机制

　　前面对国内实践三点不足之间关系的分析也反映在了图 4-1 中(见虚线箭头处)，即，研究项目能够推动商家相关产品和服务的开发；文化遗产保存机构面向公众的宣传活动能够提高公众对其数字文件未来价值及其可能遭受的安全风险的认识，培育个人动因，进而推动商家和研究项目有关个人数字存档实践的行动。

　　因此，总的来说，我国在个人数字存档实践上的不足可以归结到个人动因

①　美国的 Cesar Kuriyama 从 30 岁开始用其智能手机每天录下一秒钟生活视频，1 年后他手机中就存有了 6 分钟视频。2013 年 Kuriyama 从在线募资网站 Kickstarter 上筹得资金，开发出一个 iphone 应用，用户可在 iTunes 苹果应用商店下载，用它自动录制视频，还能在云端生成一个个人档案。详见：Donald T Hawkins. New Horizons in Personal Archiving：1 Second Everyday，myKive，and MUSE［C］//Donald T. Hawkins. Personal Archiving：Preserving Our Digital Heritage. New Jersey：Information Today，2013：243-257.

不足及社会动因不受重视之上。个人存档意识不强，对存档不够关注，会影响到商家产品和服务的开发及相关研究项目的创立；而从社会的角度出发，一个社会需要为后代保存文化遗产和社会记忆，因而需要对个人数字文件进行长期保存，这种需求商家一般不会考虑，只有文化遗产保存机构及其发起的研究项目会有所关注。显然，无论是从个人动因还是社会动因方面的问题出发，文化遗产保存机构都需发挥重要作用，一方面，面向公众开展宣传活动，提高个人数字存档意识，培养数字存档习惯，营造关注数字存档的社会风气；另一方面，开展相关的研究项目，为个人的数字存档提供先进的平台和工具。总之，推动个人的数字存档实践，档案馆、图书馆等文化遗产保存机构责无旁贷、任重道远。

4. 个人的特性需要档案馆接手保管其文件。这里是指个人终将离世，因而其文件需要档案馆接管。澳大利亚档案工作者 Adrian Cunningham 最早论述了此观点："政府和机构可以无限期地存在，或者有其他机构来继承其业务，而不幸的是，个人终会离世。"①Cunningham 认为这也是档案馆必须介入保管的关键因素。

4.1.2 意义

第一，开展个人数字文件保存工作是档案馆接近公众、融入社会的重大机遇。

档案馆开展个人数字文件保存工作主要是通过两种方式：收集保管部分人的个人数字文件；教育指导公众保管其个人数字文件。国内曾有学者论述了"微观档案学"（即研究个体档案形成、收集、整理、保存和利用规律的科学）的价值，其观点也适用于这里档案馆的个人数字文件保存工作。传统档案学以政府等机构档案工作为主要研究对象，从国家和社会需要出发看待档案价值是档案行业从业者的"思维定势"。然而，随着"机构档案馆"向"公共档案馆"的转型，以人为本，关注社会大众档案意识的提高，应用档案学理论方法辅助人的全面发展将是档案工作的必然趋势。可以预见，未来对个人档案管理的关注将会持续增长，档案馆在个人档案的管理方面对公众进行教育指导，提高公民的档案意识，提高全民工作和生活的秩序化程度以及整个社会的信息记忆能

---

① Cunningham A. The Archival Management of Personal Records in Electronic Form: Some Suggestions [J]. Archives & Manuscripts, 1994(22): 99.

力，将是档案学理论走近大众、融入社会的一次重大机遇。在上述过程中，信息技术的进一步发展将会为个人保存数字化档案提供更多的方便，档案馆应用技术手段帮助人们建立个人档案管理体系的工作将逐步取得进展，档案学的社会价值也将逐步显现。①

第二，开展个人数字文件保存工作可以提高档案馆的知名度。

该观点也来自美国档案学者 Richard J. Cox，他曾在其著作中指出，档案馆与公众的合作，即档案馆教育指导公众保管其个人文件，将增加档案馆的服务对象，各种活动的开展将提高档案馆的知名度②，而知名度的提高将会给档案馆带来众多其他利益，比如来自社会各界的资金支持，来自国家的政策扶持和资金支持等。

第三，从国内外实践和研究的走势来看，档案馆走向社会化、关注大众以及档案学研究关注档案与社会是国际潮流与趋势，顺应这一潮流和趋势，我们的档案工作和研究才会更有前瞻性与预见性。

国外档案界近年来对个人领域的关注有深刻的历史原因，对国外档案工作实践与理论的发展历程的介绍将有助于我们更深入地理解当前的新形势。我们从西方历史学说起，因为该学科与档案学邻近，二者很多方面都经历了相似的过程。

传统的西方史学主要是政治史，书写帝王将相的历史。20世纪60—70年代之后，出现了新社会史，关注大众社会，到80—90年代，新文化史盛行，关注大众文化。90年代之后，又回归到新社会史，不过吸收了很多新文化史的成分。无论是新社会史还是新文化史，都重在书写人民大众的历史，或者说普通人的历史、日常生活史、自下而来的历史③。20世纪70—80年代兴起于意大利的微观史学，后来成为新文化史的一部分，更是关注人民大众历史之典型。该流派的史学作品，如《乳酪与蛆虫》《妇人王氏之死》等，"贴近生活，具体细致"。在微观与宏观之间，微观史家更多的是对过去偏重宏观的历史研究的一个补充和纠正，而不是要走向某个极端；"大处着眼，小处入手"，微观史

---

① 赵生辉."微观档案学"刍议[J]. 档案管理，2013（3）：18-19.

② Cox J R. Personal archives and a new archival calling: readings, reflections and ruminations [M]. Duluth, Minn: Litwin Books, 2008：2.

③ 俞金尧. 书写人民大众的历史：社会史学的研究传统及其范式转换[J]. 中国社会科学，2011（3）：13.

学从另一个角度提供了"一个深刻地观察人类历史的机会"。① 另外，由于关注的是普通人的历史，讲述的是普通人的故事，在一定程度上可以满足与他们有着某种身份认同的广大读者的需求②。

西方历史学的这种发展走势与档案工作实践和理论的发展走势极为相似，按照特里·库克的观点，自 19 世纪档案成为一个明确的职业以来，西方档案工作和档案思维经历了四个范式，即"证据：前现代档案与司法遗产""记忆：现代档案及历史学者型的档案工作者""认同：后现代档案及作为中介人的档案工作者"和"社会/社区：参与式档案及辅导员型的档案工作者"。在证据范式中（1840 年到二战期间占主导地位），档案工作具有明显的政治性，其对象是官方档案，档案工作者的任务就是原封不动地保管政府机构的司法证据。到了记忆范式（20 世纪 30 年代至 70 年代最盛行），档案工作为历史研究服务，历史学的需要是档案工作者按价值鉴定的标准进行工作。此时，档案馆除了保存用于政治史研究的档案，首次纳入了私人和个人的档案，因为这时的历史学开始关注人民大众的历史。认同范式中（20 世纪 70 年代至 21 世纪初），档案工作者的身份是作为自觉的中介人帮助社会通过档案记忆资源形成多元认同。在 21 世纪初期，上述三个范式达到顶峰并相互交合，档案人员成为社会的代言人，既记录国家也记录公民，既记录中心也记录边缘，既记录主流声音也记录异见声音。第四个范式是正在形成中的范式，它出现的背景是：在新的数字世界，文件太多，利用网络，每个人都能成为撰稿人、摄影师、音乐录制者和电影制作人等，并成为自己的档案保管者。档案馆能收集到的只是很小的一部分，档案人员需要与社会或社区共建档案，作为辅导员指导社会参与建档。这四个范式不是相互替代的关系，而是相互重叠、彼此交织的，在每一个新阶段，其前者的诸方面通常仍有力地保持着③。

可见，从单纯保管政府档案，到纳入私人和个人的档案，再到保存全社会的档案，使社会各层都能从档案中获得身份认同，最后到指导社会并与社会共同建档，档案工作的发展经历了从专为政治服务扩大到为社会服务的过程。无论是作为服务对象，还是作为合作建档对象，普通人都愈加受到重视。相应

---

① 俞金尧. 微观史研究：以小见大［J］. 史学理论研究，1999（1）：012.

② 陈启能. 略论微观史学［J］. 史学理论研究，2002，（1）：24-29.

③ 特里·库克，李音. 四个范式：欧洲档案学的观念和战略的变化——1840 年以来西方档案观念与战略的变化［J］. 档案学研究，2011（3）：81-87.

地，档案学的研究对象也经历了从政府档案到全社会档案转变的历程。历史学和档案工作、档案学研究的发展历程上的相似性一方面说明了二者有共同的内在发展逻辑，这种发展逻辑背后应有更深刻的原因，比如，可能是都受到了后现代主义思潮的影响。因而档案工作和档案学从关注政府档案到逐渐社会化不是偶然现象，而是有深层原因。另一方面，历史学的变化也会对档案工作和档案学产生一定影响，即：在历史学从关注政治扩大到关注全社会(尤其是普通人)的背景下，档案工作及档案学也会有所调整，因为档案工作曾经一度服务于历史学家的需要，即使在当代，历史研究者仍然是最经常利用档案的群体之一。

　　总之，在档案工作和档案学从关注政府档案扩大到关注整个社会记忆的背景下，个人数字文件的保存进入了国外档案界的视线并成为实践和理论界的讨论热点。而据笔者的研究，国内外档案实践和理论的发展经历了大致相似的历程，走向社会化、关注人民大众的档案也将是国内档案工作和档案学研究的一大趋势①，因而，尽早开展个人数字文件保存方面的实践和理论探索，将会使我们的工作和研究更有前瞻性和预见性。

4.2　重新思考个人数字档案收集中的困难和问题

4.2.1　收集上的困难

　　收集困难的问题实质上就是名人或其家属的意愿问题，即名人或其家属不愿将档案捐赠给档案馆。这其实是与这二者的档案意识有关，名人及其家属档案意识的强化，将有利于其顾虑的消除，从而支持并积极配合档案馆的名人档案工作，减少征集障碍。因此，档案馆工作人员要努力提升名人及其家属的档案意识，以方便征集工作的顺利开展。具体来说，可从以下几方面着手开展针对名人及其家属的宣传动员工作：一是与名人及其家属建立起友好关系，以便进行定期交流和沟通；二是注重宣传内容，在宣传过程中向名人解释清楚档案馆征集名人档案和建立人物全宗的重要性、名人档案将为社会带来的效益和积

① 王新才，徐欣欣，聂云霞. 从档案学会议看档案学发展——1981 年来我国档案学会议的历史梳理与主题分析[J]. 档案学研究，2015（2）：49-55.

极因素以及档案馆开展名人档案工作的具体做法①，使名人本人及其家属对档案馆及档案馆名人档案工作形成正确的认识和进一步的了解；三是创新宣传形式，档案馆可以向名人介绍馆内既有成果，制作宣传小册子，引起名人及其家属对名人档案征集工作的关注等②。

另外，在收集困难的问题上还有三个地方需要特别进行说明，它们也是档案馆在收集过程中最经常碰到并认为比较难以解决的问题，即隐私问题、著作权问题和复制件的问题。

4.2.2.1 隐私问题

名人有一些私密文件，比如信件、日记等不愿向社会公开，因此也不愿捐赠给档案馆。然而这些文件又是名人全宗中的一个重要组成部分，是反映名人生平活动或创作思想的重要媒介，将会产生多方面的社会效益。对于这二者间的冲突问题，档案馆首先必须要遵守的仍然是平等自愿的原则，尊重名人的意愿。但同时档案馆也可以和名人"充分协商"，向名人解释档案馆的做法，消除名人的顾虑，比如，档案馆可以和名人协商并由名人设定一个公开时限，在公开之前限制利用并做好保密工作。因为私密性不是恒定的，而是有相对性，随着时间的推移，原来对名人来说私密性很强的文件可能已不再私密，这时就可以将文件公开提供利用，这样名人的重要文件既能够获得长期完好保存，又能够惠及后人。

事实上，国外档案机构在处理名人隐私的问题上已积累了不少经验，比如得克萨斯州立大学奥斯汀分校的 Harry Ransom 人文研究中心收藏了健在的英国剧作家 Arnold Wesker 的大量个人数字文件，包括创作材料、信件、日记等。

---

① 档案馆可向捐赠者解释本馆的政策，比如浙江省的档案馆可向捐赠者解释《浙江省人物档案管理办法（征求意见稿）》中的相关规定："国家综合档案馆应依法妥善保管人物档案，切实保护人物档案涉及的知识产权和个人隐私等合法权益"，"档案行政管理部门应建立人物档案利用风险评估和备案审查机制，维护人物档案利害关系人正当权益"，"属单位及个人或亲属移交、捐赠、寄存的档案，对当事人应提供优先利用服务。当事人有权要求国家综合档案馆对其中不宜向社会公开的部分进行保密或控制利用。无明确限制利用要求的，应当按照国家有关规定向社会提供利用"，"国家综合档案馆编撰人物档案史料，出版相关书籍，音像制品等，公布相关内容应征询捐赠者、当事人意见，成品应赠送若干给相关人物档案捐赠者"。

② 刘彤彤. 中国省级档案馆名人档案管理现状及问题研究[D]. 辽宁大学，2014：34.

其中，日记文件是有密码保护的，人文研究中心获取了密码，但是声明会在 Wesker 离世 25 年之后或其最后一个孩子去世后(两者中哪个在后按哪个时间)才向公众公开。这些文件经过处理之后被保存在人文研究中心的数字仓储中，连档案工作者都限制访问①。

国内的档案馆可以借鉴这里设定的时限，也可以探索自己的方法，总之，这种设定时限公开的方式既能够保证名人数字文件的长久保存，又能够提供给社会利用，是值得尝试的一种方法，档案馆可以向名人解释这种做法，争取名人的同意。

4.2.2.2　著作权问题

著作权，是指著作权人对文学、艺术和科学作品依法享有的专有权利。按照《中华人民共和国著作权法》，中国公民的作品，不论是否发表，都享有著作权。著作权包括人身权和财产权。人身权指具有作品创作者身份属性的权利，具体包括发表权、署名权、修改权和保护作品完整权。由于人身权体现作者身份，是作者人格的延伸，因此人身权的转移受到限制(一般情况下都不能转移，除非极个别的例外情况，如作者身份不明，可将除署名权之外的人身权转移给作品原件所有人)。财产权指作品的使用权和获得报酬的权利，具体包括复制权、发行权、出租权、展览权、表演权、放映权、摄制权、广播权、信息网络传播权、改编权、汇编权、翻译权等②。与著作权中的人身权不同，财产权所体现的财产性决定了其可被授权转让③。

档案馆所收集的名人数字文件可大致分为以下 4 种：名人已发表的作品(如论文、专著的电子版)；名人未发表的作品(如未发表的论文、小说、书稿等)；名人已发表作品的原稿及相关创作材料(如论文、小说、专著等的初稿、定稿，以及这些稿本创作过程中的参考资料)；不是作品的数字文件(如日记、信件、工作笔记、日常照片等)。其中涉及著作权的主要是前两种，以下将对这两种类型分别说明。

---

①　Kim S, Dong L A, Durden M. Automated Batch Archival Processing：Preserving Arnold Wesker's Digital Manuscripts [J]. Archival Issues，2006，30(2)：91-106.

②　中华人民共和国著作权法(2010 年修正) [Z/OL]. [2016-02-16]. http：//www. sipo. gov. cn/zcfg/flfg/bq/fl/201509/t20150911_1174554. html.

③　周玲玲. 机构知识库建设中存缴和发布已发表作品的法理透析——梳理中国科学院研究所机构知识库主要著作权疑虑[J]. 图书情报工作，2011，55(13)：76-79.

1. 名人已发表作品

通常情况下，名人是通过出版商将作品正式发表的，以获得一定报酬（如稿费、版税），但同时也把部分财产权转移给了出版商（如发行权）。这种情况下，名人向档案馆捐赠，不会损害名人的利益，其作品存放在档案馆并让更多人能够接触反而会扩大名人作品及名人本身的知名度和影响力，还能为公众带来好处。这一行为唯一影响到的只有出版商的利益，即公众能够免费获取已发表作品会影响出版商的潜在消费群。具体来说，档案馆通过馆内局域网向公众提供利用是合法的，国家已经通过立法的形式进行保护，即 2006 年《信息网络传播权保护条例》第 7 条规定："图书馆、档案馆、纪念馆、博物馆、美术馆等可以不经著作权人许可，通过信息网络向本馆馆舍内服务对象提供本馆收藏的合法出版的数字作品"①；由于馆内受众较少，对出版商的影响还不是很大，关键是如果档案馆建立了公开利用平台，使馆内外的公众都能免费利用作品，这时就会对出版商利益产生较大影响。

在这方面，图书馆、机构知识库已经积累了很多经验，因为这些地方才是已发表作品被经常存放的地方，而档案馆的藏品中已发表作品只占很小一部分，所以档案馆可以学习图书馆、机构知识库的经验或者与其合作。比如，美国的数字公共图书馆的做法是"把资源建设的起点定在公共领域的资源，并随着时间推移逐渐将版权期满自然流入公共领域的资源纳入建设范围"，即只在网上提供那些版权期已满、在公共领域的资源。该数字公共图书馆汇集了美国公立或私人（能提供公共使用）的图书馆、档案馆、博物馆、艺廊、文化遗产中心等内容庞大的数字资源，不仅能将经过筛选的优质内容免费提供给全世界的公众，同时也达到了保存文化遗产和共享文明成果的目标②。而国外机构知识库的做法是让作者将文章以某种形式（预印本和后印本形式、后印本形式、预印本形式）自我存档在所在单位的机构库中。多数机构库的要求都是存档是立即的，而访问时间可根据作者与出版社签署的协议条款来设定关闭期，也就是说，可以先存档，后开放。至于关闭期的文章，在机构库中只能看到摘要，

---

① 国务院关于修改《信息网络传播权保护条例》的决定［Z/OL］. ［2016-02-16］. http：//www. gov. cn/zwgk/2013-02/08/content_2330133. htm.

② 涂志芳，刘兹恒. 美国数字公共图书馆的创新特点及对我国的启示［J］. 图书与情报，2015(6)：47-53.

如果需求者想获得全文，可以单独向作者索取①。另外，还有一种做法是前文介绍过的武汉大学图书馆和武汉大学档案馆合作开发的名师库，名师库中围绕每位名师建立了档案，包括生平、成果、他人评价、音像材料等栏目，并通过网络向全校师生及社会提供利用。其中名人的成果中包含了名人已发表的作品（如文章、著作等），该名师的做法是依靠图书馆的数据库资源，提供名人文章、电子书在图书馆数据库中的链接，或者提供 Google 学术中的文章或图书链接，非本校成员的社会公众由于没有图书馆的账号，只能访问 Google 学术上的链接。这种图书馆和档案馆合作建立名人库的方式整合了双方的资源，优势互补，对双方来说都不失为一种有益的尝试。

综上所述，档案馆在收集名人数字文件时，如果其中有已发表作品，可以向名人解释清楚：首先，捐赠行为不会影响名人的利益；其次，如果涉及出版商的利益，可以采取先存档、后提供利用的方式，设定一个公开时限，这样就不会与出版商利益冲突，名人可以打消顾虑，不用担心违反出版商签订的协议。另外，档案馆还可以和图书馆合作开发名人库，这样，名人的已发表作品可以不用向名人索取，而是利用图书馆数据库中合法购得的资源。

2. 名人未发表的作品

名人未发表作品可能有会议论文、研究报告、学位论文、书稿等。"未发表"的一种情况是在名人即将退休或离世时还没有发表，通常是由于种种原因未能发表或者是不准备发表；另一种情形是在名人形成这些作品后不久，尚未发表，但是将来是否发表还没确定。这两种情形其实就是档案馆介入收集的不同时机。无论哪种情形，因为尚未发表，所以不会损害出版商的利益，所以这里只涉及名人的利益。

按照我国《著作权法》第十八条的规定，"美术等作品原件所有权的转移，不视为作品著作权的转移，但美术作品原件的展览权由原件所有人享有"，也就是说作品原件如果捐赠给档案馆，所有权归档案馆所有，但著作权仍归作者，不过档案馆可以将原件展览。但是有学者指出这一规定中原件所有人的展览权和作者著作权中的发表权是冲突的，因为对于未发表的美术等作品来说，展览就是发表的一种形式。对此，一些学者援引日本著作权法中的相关规定进行了解释，即"当未发表的摄影作品或美术作品被转让的情况下，应推定作者

①　邵晶. 绿色 OA 仓储的"存档"与"开放"策略研究［J］. 图书情报工作, 2008, 52 (11)：78-80.

已经许可通过展览该原件的方式发表作品"。这些学者还强调：作品的物权和著作权是分离的，著作权是无形的，作者在转让作品的物权时，著作权并不是理所当然的随附转移，而是有条件的，比如日本规定中的"推定作者已许可通过展览的形式发表作品"，即推定作者已同意转移发表权①。

虽然这里的作品原件主要指的是实物形式的原件(著作权法制定时尚未考虑数字作品的原件)，该条款中所蕴含的原则却可供档案馆借鉴：即名人未发表作品也属于原件，如果名人将这份原件捐赠给档案馆，那么原件所有权属档案馆所有，但著作权仍属于作者所有。由于作品尚未发表，档案馆如果在网络上提供利用，在捐赠时就要争得名人同意，或者档案馆可以和名人协商一个公开时限，公开之前作品仍可由名人发表并获得报酬，到了公开时限再向社会免费提供利用。也就是说，和已发表作品一样，先存档、再公开。鉴于数字文件的易流失和易损毁性，先存档、后公开可以作为档案馆优先考虑的策略，以便保存名人数字作品，保存数字时代的人类文化遗产和文明成果。

4.2.2.3 复制件问题

名人不愿捐赠的情形还有一种：既非担心隐私问题，也非顾虑著作权问题，但仍然不愿将档案放在档案馆。比如名人的一些实物档案，包括证书、奖章等，还有一些纸质档案如工作笔记、科研资料等，这些一般不会涉及名人隐私，并且由于不是作品也无关著作权问题，但名人就是想自己保管。从法律的意义上而言，在这里名人就是不想转移其档案的物权。笔者在电话访谈中得知不少档案馆都表示原件难以争取，只能争取这些档案的复制件，复制的方式包括影印、拍照等。

然而，换个角度来看，在数字时代，随着原件和复制件之间差异的缩小，能争取到复制件也并非太差的结果，数字技术的发展其实更加便利了档案收集工作。比如名人电脑上的一份工作笔记，可以有多个副本，名人只需交给档案馆一个副本就可，简单易行；而在纸质时代，要复制一份工作笔记则要麻烦得多，原件和复制件之间形式上差别很大(名人手写本和影印本)，价值也迥异。因此，数字时代，数字文件以其特殊的性质——信息与载体的相对分离性、信息共享的便利性——更加方便了档案馆的档案收集工作，名人既可以自己保留

---

① 李翔，曹雅晶. 失落的展览权——从"钱钟书书信拍卖案"谈起，兼论《著作权法》第十八条之理解[J]. 中国版权，2014(4)：53-57.

一份，同时也可以向档案馆捐赠。当然，将文件连同其载体或者原始生成环境一同捐赠更好，比如，名人要淘汰一部电脑时，将该电脑、电脑上的文件生成软件与文件一起捐赠。

4.2.2 数字档案的价值问题

笔者在调查中发现，档案馆以往收集的名人档案最主要用于展览，因而他们更倾向于收实物和纸质的档案，认为这些档案收藏价值更高；相比之下，数字档案似乎用处不大，因而没有展开收集或者没有作为收集的重点。

这种认识是比较片面的，展览体现的可能更多的是档案在教育、审美、娱乐休闲等方面的价值。而事实上，名人档案还有其他方面的价值，比如在信息乃至知识服务方面的价值，名人档案中还有很多有待挖掘的信息，能够服务于史学、文艺、科学等多方面的研究。相较于纸质档案，依托于现代化和信息化技术的数字档案在发挥信息及知识服务功能方面有更多的优势，因此，随着数字时代的到来以及数字文件的大量出现，档案的信息及知识服务功能会越来越凸显。档案馆需要转变观念、不断创新，开发出适应新时代的服务方式。

退一步讲，随着年轻一代的名人越来越多地运用数字工具进行创作、工作、记录生活等活动，原来的部分纸质或实物档案都将会变成数字形式，比如日记、书稿、演讲稿、信函、工作总结等，档案馆亦将不得不考虑收集这些数字文件，并探索展览以外的服务方式。

4.3 小结

这一部分针对很多档案馆尚未展开个人数字档案收集工作或者收集的个人数字档案很少的问题，从改变观念出发，提出了一些对策。一是要档案馆认识到参与个人数字文件保存的必要性和意义。必要性是指：个人数字档案是社会记忆的重要组成部分，并且有时候非官方的记忆比官方的记忆更加全面更加真实，鉴于数字档案的易流失和易损毁性，档案馆要从源头上就开始介入保存；个人缺乏存档意识，商业机构不关心文化机构和社会记忆的保存，个人数字文件的保存必须要由档案馆等公共文化机构来推动；另外，个人的特性，即个人生命有限，也决定了其数字遗产需要档案馆接管。意义是指：开展个人数字文件保存工作是档案馆接近公众、融入社会的重大机遇，还可以提高档案馆的知名度；另外，鉴于档案馆走向社会化、关注大众以及档案学研究关注档案与社会是国际潮流与趋势，顺应这一潮流和趋势，档案馆的工作将会更有前瞻性与预见性。

第二个对策是要档案馆重新思考个人数字档案收集中的困难和问题。收集上的困难主要是由隐私问题、著作权问题和复制件问题造成的，笔者基于国内外已有的优秀实践，为隐私问题和著作权问题提供了一些解决方案，并基于对数字文件特性的分析，指出在数字时代收集到档案复制件并非坏事。除了这些困难，收集中还有一个问题是档案馆传统的思维是收集名人档案来展览，因此注重收集实物、纸质档案，而忽视数字档案。笔者指出数字时代档案的开发利用工作要不断创新，随着数字档案的不断增多，档案馆必须发现数字档案的价值、采用新的方式将档案提供利用，比如基于数字档案的信息价值，通过网络向公众提供信息或知识服务。总之，通过对收集中的困难和问题的逐个分析，为这些困难的解决提供了新思路，其中每个困难核和问题中都贯穿着主线，即要改变观念，突破传统思维。

然而，需要指出的的是，档案馆自身改变观念固然关键，来自国家的政策、资金和法律支持也是非常必要的。比如，如果国家层面重视个人数字档案方面的工作，对各省的个人数字档案保存工作作出指示，出台相关的收集办法和管理办法，并适当提供专项资金，将会极大的推动各级档案馆的个人数字档案保存工作；在立法上，国家的著作权法、信息网络传播权条例等也需要针对图书馆、档案馆等公共文化机构的例外和限制条款作出更明确的规定，使这些机构在收藏、复制并将个人的著作(尤其是数字形式的著作)公开提供利用时有法可依。为达到这些目的，在实践工作中，档案馆应加强与政府部门的联系，重视与政府部门的沟通，在向政府传递名人档案相关信息的同时，力争最大限度地获得政府的支持。

5 提 前 干 预
——数字时代档案馆保存个人文件的关键

本部分提出的对策是针对现状调查中所总结出的第二个问题，即档案馆以往介入收集名人档案的时间一般是在名人退休或离世前后，但在如今的数字时代，介入时间太晚难以保证接收时重要的数字文件还在或者还能被读取。因此，档案馆需要改变传统的被动的工作方式，提前干预个人数字文件的形成和管理活动。

本部分的第一节将首先对提前干预方法进行介绍，包括该方法由谁提出，内涵是什么，以及相关的论辩。第二节将对个人的数字文件形成和管理行为进行分析，因为提前干预需要首先了解这些，在此基础上才能有的放矢进行干预。第三节和第四节是对提前干预实施步骤的具体分析，其中第三节提供了三个提前干预的实例，而第四节是将这些实例归纳总结，梳理出了一整套提前干预的实施步骤。

5.1 提前干预方法的产生

5.1.1 提前干预方法的提出

提前干预的方法是澳大利亚国家档案馆的 Adrian Cunningham 提出的。1994 年，他在 *The archival management of personal records in electronic form：Some suggestions* 一文中指出，传统上，档案馆收集个人文件是在个人不再形成文件——也即在个人一生终结或即将终结——之时；而在电子时代，如果仍然采取这种方法，软硬件的快速更新换代将导致个人文件不可读取、个人档案全宗零碎不全。① 在这种被动的收集方法下，档案工作者必须揣摩个人文件保管行

---

① Cunningham A. The Archival Management of Personal Records in Electronic Form：Some Suggestions [J]. Archives & Manuscripts，1994(22)：99.

为的细节，借此推论出个人文件的含义和价值。鉴于此，Cunningham 提出了一种 pre-custodial intervention 的方法，本书暂译为提前干预。

这种方法要求档案工作者主动加入到个人的文件形成和保管过程，从源头上确保个人以恰当的方式形成、管理文件。档案工作者可以获取文件的内容、背景和结构元素以便长期保存和提供利用。档案工作者可以和个人达成有关文件保管方式的协议，使个人形成的文件满足当前的媒介标准、整理著录方式恰当，并与个人协商好移交时间，确保个人档案按时移交。

这种干预主义的方法将档案机构的收集时间从个人退休或离世后提前到文件形成阶段，档案馆确定了潜在的捐赠者之后，在个人文件不断形成的阶段就要开始着手收集。

5.1.2　相关论辩

作为一种新奇的、非传统的方法，提前干预方法一经提出就受到了一些学者的质疑，学者们认为这种方法的问题主要在于以下几方面：

第一，一些国外学者认为，提前干预的方法需要档案馆提前确定了收集范围，也就是档案馆需要在个人健在期间就预见其档案的历史和文化意义。而寻找符合标准的文件形成者对档案工作者来说可能非常困难。

这种观点不太适用于我国的档案馆，因为我国的许多档案馆都提前制定好了名人档案收集范围，收集对象是确定的，我国档案馆需要考虑只是如何对这些收集对象进行提前干预。

第二，另外一些国外学者指出，这种干预主义方法会造成非自然形成的个人文件和个人有意的文件保管行为，因为个人已被告知其过去、现在和将来形成的文件具有历史或文化意义，将会被接收到档案馆。

对此，Cunningham 指出，干预主义的方法的确可能造成这种结果，但是相对于接收到无法读取的数字文件，甚至是接收不到相关文件来说，档案工作者只能选择前者。

笔者比较认同这种说法，此外，还有一些个人的观点要补充：一方面，退一步讲，即使档案工作者没有干预，个人形成的也不一定是无意识的完全不考虑可能产生的社会影响的记录，比如个人的回忆录、自传等，个人在形成这些材料时也会考虑到流传给后代或者公布于世的可能，因此本来就是有意形成的。另一方面，正如许多档案不一定反映的就是真实的历史，它们反映的只不过是档案形成者眼中的情况或者是他们想要世人认为的情况，干预主义方法下生成的个人档案情况也是这样。通常，我们在解读档案材料时，要想到档案中记录的不一定是真实的历史，而只是档案形成者的一家之言；对提前干预下生成的个人数字档案也需要这样，我们解读这种档案时，要考虑到其是"在提前干预方法下形成的"这种背景。总之，由于数字媒介的特殊性，档案工作者不得不进行提前干预，这种情况下的形成的个人档案的确可能是非自然形成的，但我们只能接受现实，然后在面对这种材料时，将这种档案的收集方法纳入其生成背景进行解读。

第三，还有国外学者提出，由于这种干预需要对文件形成者进行一对一的指导和帮助，将会耗费大量的劳力。

对此，笔者认为，对于已经开展过名人档案收集工作并有相关经验的档案馆来说，它们可以胜任这种任务。其一，档案馆本来就会派专人到现场进行收集，在收集纸质档案的同时，可以考虑顺便增加一些数字档案方面的工作。当然，这会牵扯到增派技术人员，档案馆要增加员工工资上的支出。然而，提前做好这种指导辅助工作，将会方便数字档案的接收，且是以可被读取的方式接收，从而大大减少对纸质档案进行数字化、对老化媒介上的数据进行迁移以及对已损毁媒介进行数据恢复的工作量；另外也会方便档案馆以后的整理、著录工作，尤其是将个人数字档案纳入到数字档案馆情况下的整理、著录工作。前端的工作做好，就省去了后期的麻烦，从这个意义上讲，即使前期耗时耗力一点，也是可以接受的。况且，如今在一些软件和网络的帮助下，档案馆可以对个人进行远程指导，并远程访问个人的电脑开展工作，将会节省大量的时间和人力。

另外，在此问题上，还可借用一段围绕馆藏档案数字化与电子文件中心建设优先次序问题的争论来进一步阐明笔者的观点："在机关档案工作中，有些地方档案馆正在筹建本区域的电子文件中心，有些地方档案馆已开展馆藏档案的数字化。对此有人提出：馆藏档案的数字化与电子文件中心两项工作相比，哪一个更紧迫？一些专家的观点是：馆藏档案数字化是解决存量档案信息资源建设问题，而现有电子文件的归档与收集是解决增量档案信息资源建设问题。相对而言，存量档案是静态的，而增量档案则是动态的。作为增量档案前身之一的电子文件每天都在产生，如果不及时归档与收集，以后会产生很多问题，甚至造成国家档案资源的流失。从这个意义上讲，作为增量档案重要来源的电子文件的归档与收集要优先于馆藏档案数字化。对电子文件的归档与收集，档案馆要尽早抓，早抓早主动"①。

这里的观点也适用于个人档案，对于增量个人数字档案的收集，档案馆需要尽早采取主动措施。因为从成本上看，对馆藏纸质档案的数字化耗费的资金会更多，尽早做好个人数字档案的收集工作，可以避免后期用在数字化上的花销②。

5.2　个人形成和管理其数字文件的行为分析

档案馆提前干预过程中的一个非常重要的任务就是了解其收集对象是如何形成和管理其数字文件的，了解到这些情况之后，档案馆才能有的放矢进行干预。而作为这项工作的基础，对个人普遍的数字文件形成和管理行为进行一些了解是很有必要的。然而，目前档案学领域在这方面的研究很少，我们需要借鉴个人信息管理(PIM)领域的研究成果，该领域的学者曾对个人的行为展开过大量的调查和长期观察，成果颇丰。下文就从个人形成、整理和处置其数字文件的行为、个人鉴定其数字文件的行为及个人的价值观念、个人保存其数字文件的行为三方面进行分析。

5.2.1　个人形成、整理和处置其数字文件的行为分析

个人一生中要不断记录其私人和公共活动，形成了各种格式的记录，大致可以分为两类：离线生成的文件，比如文本、视频、音频、图像和电子表格；在线生成的文件，专门用于网络内容的构建，比如 HTML、JavaScript、CSS 文件。两种文件的生成都有赖于专门的软件，在线文件的内容在网上的发布和编辑还要求有主机服务器。

所有的个人计算机都能生成文件夹，文件夹下有若干层级，能包含成百上千的文件。在计算机上，对文件夹的管理是个人文件管理的核心。个人文件的另一个重心是对 E-mail 的管理，因为在以计算机为媒介的通信方式中，E-mail 是应用最广的方式之一。

2009 年，国外学者 Sarah Henderson 对 125 个脑力劳动者在个人计算机上

---

① 对电子文件中心与馆藏档案数字化几个问题的认识[EB/OL]. [2016-03-12]. http://www.hada.gov.cn/html/News/0_9249.html.

② 肖秋惠. 电子文件长期保存：理论与实践[M]. 北京：社会科学文献出版社，2014：7.

的文件管理行为进行了调查，将这些人的文件管理方式分为三类：一是创建中等的文件夹结构，他们会对文件进行定期清理，或者由于文件累积到了一定程度时不得不清理。由于文件夹结构是中等深度的，他们通过浏览文件夹就能找到一份文件，而不用进行文本搜索。二是形成了相对混乱的文件群，极少创建文件夹，或者文件夹的创建不成系统。这种方法中，计算机桌面是主要的文件存放区域，浏览起来比较方便，然而由于文件摆放杂乱，要查找某条信息时往往需要进行文本搜索。三是文件整理情况完好，极少存在未分类的文件，文件夹的分类往往提前就已完成，新生成的文件直接放入相应文件夹。可以单通过浏览就找到一份文件，但要深入层层文件夹找到一份文件，需知晓文件的背景信息，如所属的母文件夹①。

Deborah Barreau 和 Bonnie Nardi 通过调查经理、行政助理、图书馆员、平面设计人员和程序员在个人计算机上的文件整理和查找行为，总结出两种文件管理方式：基于文件存放位置的查找和逻辑查找（文本搜索）。具体采用哪种方式要根据文件的类型，他们将文件的类型分为三种：临时的、活跃的和已存档的。被调查的对象表明他们一般通过"基于位置的查找"来搜寻临时的和活跃的文件，因为这两类文件经常被使用，常保存在计算机桌面。而已存档的文件往往没有经过系统整理，因而需要文本搜索的方式来查找。Barreau 和 Nardi 了解到，虽然已存档文件要保存很久，需要为之建立按关键词分类的文件夹，但被调查的对象表示，他们在这方面的尝试基本都以失败告终。总的来说，人们更倾向于基于位置的查找，因为这种方式不仅能找到文件，还具有提醒功能；另外人们如何使用信息（经常不经常）决定了他们以何种方式整理、存储和检索这些信息。已存档的文件由于不经常被使用，它们被保存的位置通常不同于临时的和活跃的文件②。

Wendy Mackay 调查了 60 个专业的办公室人员对 E-mail 的使用情况，发现他们一般把 E-mail 用到两方面：任务管理和信息管理。将 E-mail 主要用来进行任务管理的人们一般不会打开阅读每封邮件，他们会限制每天阅读邮件的次数，并通过取消订阅来减少邮件列表中邮件数量。而另外一些人则会阅读每封

---

① Henderson S. Personal document management strategies [C]// ACM Sigchi New Zealand Chapter's International Conference on Computer-Human Interaction, Chinz 2009, Auckland, New Zealand, July, 2009: 69-76.

② Barreau D, Nardi B A. Finding and Reminding: File Organization from the Desktop [C]// ACM SIGCHI Bulletin, 1995, 27 (3): 39-43.

邮件，并将大部分邮件保存在 E-mail 中的专门文件夹里。他们选择保存而非删除文件，将 E-mail 视作支持信息管理的工具①。

Whittaker 和 Sidner 调查了 20 个办公室人员的收件箱，并将其 E-mail 的信息分成了 4 种：需要用户采取行动的；有大量信息内容需要阅读的；重要性待定的；来自长期通信联络方的。个人对这些邮件的处理方式被分为三种：一是在 E-mail 中运用文件夹管理信息，经常删除或将邮件存档；二是每一到三个月才删除和归档一次；三是从不删除或将邮件存档②。

Richard Boardman 和 Martina Sasse 围绕 31 个人对多种类型信息的管理行为进行了长期观察，了解到个人文件管理行为随时间推移的变化规律。Boardman 和 Sasse 将这些人分为两类：一类是经常整理文件的，一类是不经常整理的。这两类人的整理习惯对所有类型文件都是一样的，不管是 E-mail、文档还是网页书签。他们进一步观察发现，个人信息管理习惯的改变是很细微的，不经常整理者一般不会很快养成定时整理的习惯；另外个人的整理方式也受其检索方式影响，主要依靠浏览文件夹检索的人会投入较多时间来整理文件，这样检索时就不会太耗时③。

另外，还有很多其他的研究者研究了个人的文件管理行为。总的来说，虽然这些研究以及前面介绍的研究各自对个人行为的分类不同，但是都考虑到了个人文件管理的三方面特性：一是个人数字文件或者是活跃的，或者是休眠的，对前者的整理通常是井然有序的，因为它还会被经常使用，后者则被存储在较隐秘的位置。活跃的文件最终也要变成休眠状态，之后很少再引起关注，因为又有大批新的活跃文件进入了个人视野。二是个人数字文件的查找通常都是通过两种方式，一种是根据关键词进行文本搜索，这些关键词需要借助个人的记忆（基于搜索的方法）；另一种是根据背景和空间的线索进行浏览（基于存

① Mackay E W. More than Just a Communication System: Diversity in the Use of Electronic Mail [C]//Proceedings of the 1998 ACM conference on Computer-supported cooperative work. NewYork: ACM Press, 1998: 344-353.

② Whitaker S, Sidner C. Email overload, exploring personal information management of email[C/OL]//Proceedings of the Conference on Human Factors in Computing Systems. CHI, 1996: 276-283. [2016-03-10]. http://portal.acm.org/citation.cfm? id = 238530&dl = ACM&coll = DL&CFID = 27124289&CFTOKEN = 32910868.

③ Boardman R, Sasse A M. Stuff Goes into the Computer and Doesn't Come Out: A Cross-tool Study of Personal Information Management[C]// Proceedings of the SIGCHI conference on Human factors in computing systems. NewYork: ACMPress, 2004, 6(1): 583-590.

储位置的方法）。两种方法都要借助个人对信息细节的记忆，或者要靠个人持续不断地对层级式文件夹进行维护。三是所有研究都较少提到文件的删除，因为虽然休眠的文件与活跃的文件是分开存储，但个人一般不会对其进行删除，而是保留下来以备将来查找。在个人的环境中，文件的保留是常态，而销毁是例外。在存储空间和资金（购买大内存的设备）不成问题的情况下，人们没有理由要删除文件。

5.2.2　个人鉴定其数字文件的行为及个人的价值观念分析

在专业档案工作者将文件接收进馆时的鉴定之前，个人也会对这些文件按照内隐的或者明确的标准进行鉴定。对于档案工作者来说，个人的这些鉴定标准是理解文件来源的非常重要的背景信息。

然而，在如今的数字时代，关于个人还有没有必要对其数字文件进行鉴定的问题，PIM 领域学者们的态度演化成了正反两方。有些学者认为无此必要，因为数字时代，随着数字存储的能力不断提升、存储成本的不断降低以及检索技术的飞速发展，人们能够以低成本存储大量数据，而又不用担心信息查找的问题。因此，人们越来越倾向于保存所有数据，而不进行鉴定、删除，正如上一节学者们的研究结论所示，在个人对其数字文件的处置问题上，保留是常态，销毁是例外。

但是，另外一些学者驳斥了这种观点，其一，存储每比特数据的成本可能降低了，但如果人们不节制地保存所有数据，加起来的成本就高了；其二，数据的备份很昂贵；其三，数据的长期保存很昂贵，因为要生成"保存元数据"，非常麻烦，还要对数据进行迁移。在备份和长期保存时，如果将不重要的数据也加入进去，就会造成大量资源浪费。因此，鉴定工作还是很必要的。

至于个人鉴定的标准，微软研究员 Catherine C. Marshall 认为当个人数字文件不断累积、不得不决定保存哪些删除哪些时，个人的决定一般是基于：这些文件多久被使用或复制一次，文件的生成花费了多少时间精力，文件曾与谁分享，能否重建其来源材料。Marshall 还指出价值一般不是在生成之初就被赋予到个人数字文件之上的，更常见的情况是随着文件的使用和传播及在管理过程中附加的①。

2008 年，英国的 Digital Lives 项目对 25 个来自政治、艺术和科学领域的

① Marshall C C. Rethinking personal digital archiving, part 2: implications for services, applications, and institutions [J]. D-Lib Magazine, 2008, 14(3): 3.

人士进行了访谈调查，以探明 21 世纪人们如何存档。调查结果表明，功利的和情感的因素都会影响个人对数字文件的鉴定及保存。比如，访谈对象们表示，对于一些文件，虽然他们不确定将来是否会用到，但一般还会选择保存，以防万一将来要用①。这种对将来使用情况的考虑常常会结合情感方面的考虑，比如，投入到文件生成上的时间和精力，文件所承载的个人记忆（管理和使用文件中积累的记忆）。Digital Lives 后来又进行了一项针对 2000 多个参与者的调查，总结出影响个人的数字文件存档决定的主要因素是：作为个人创造性劳动的见证，情感原因和个人记忆，用作未来参考，用来和同事分享，为后代留下记忆。其中，作为创造性劳动见证的因素凌驾于所有因素之上，是个人决定存档与否的最主要参考因素②。

总之，随着个人数字文件的快速形成和积累，个人在构建其数字档案时需要决定哪些是有意义的哪些是无用的，这直接关系到档案馆个人档案的来源，档案工作者在将个人档案作为文献遗产中的一部分进行保存时，应当充分利用这方面的研究成果。

5.2.3 个人保存其数字文件的行为分析

个人会对其认为有价值的文件进行长期保存，这种保存不是一次性完成，而是要对有不同管理要求的多种类型的数字文件、在不同的存储场所进行保存，主要可分为本地的数字保存和在线的数字保存，下面就对这两方面分别论述。

5.2.3.1 本地的数字保存行为分析

2007 年，微软研究员 Gordon Bell 和 Jim Gemmell 指出，一个 600 美元的硬盘就能存储 1 TB 数据，意味着个人将能用它存储所有读过的材料、下载的音乐，外加每天存储 10 张照片和 8 小时的演讲视频并能一直存储 60 年③。大英图书馆的 Neil Beagrie 指出，随着计算机计算和存储能力的指数增长，个人将

① Williams P, Dean K, John J L. Digital Lives: Report of Interviews with the Creators of Personal Digital Collections [J]. Ariadne, 2008, 27(55): 142-147.

② John L J, et al. Digital Lives, Personal Digital Archives for the 21st Century: An Initial Synthesis, Beta Version 0.2 [R/OL]. [2016-03-02]. http://britishlibrary.typepad.co.uk/files/digital-lives-synthesis02-1.pdf.

③ Bell G, Gemmell J. A Digital Life [J]. Scientific American, 2007(296): 58-65.

能在其电脑上存储相当于美国国会图书馆所有文本量的数据①。所有这些数据都能存储在本地，包括台式机及笔记本电脑的硬盘、USB、CD、DVD 等，另外还包括保存在外部设备上，如数码相机、摄像机、媒体播放器、智能手机等。所存储的文件格式千差万别，需要不同的软件来打开。另外，文件还经常被压缩存储(这会在一定程度上影响文件的质量)。

5.2.3.2　在线的数字保存行为分析

在线的数字保存常被称作云存储或 Web 2.0 存储，它是基于客户端-服务器关系进行保存。个人的数字文件是被保存在服务器上，服务器不归个人所有，个人也不能控制其文件多久被备份一次或文件要保存多久。通常，个人使用免费或适量收费的在线存储服务保存其数字文件，并且常常使用多种在线存储服务，造成文件存储极为分散。

常见的存储方式有：E-mail 存储、商业文件分享平台的存储、社交网站存储、博客/播客网站存储和向在线服务商申请远程存储。E-mail 能发送并保存几乎所有本地计算机上的文件。商业文件分享平台包括优酷网(视频分享网站)、百度文库等。社交网站包括人人网、Google+等。博客/播客网站常有新浪博客、iTunes 等。目前市场上还出现了很多存档工具，能将各种社交或博客/播客网站上的个人数据保存到本地。最后一种方式指的是在商业云存储服务中寄存个人的数字文件。

无论是本地保存还是在线保存，尽管个人有很好的保存意图，但执行中往往难以坚持，而只依赖于偶尔的备份和不系统的输出保存。个人数字保存是一项长期的任务，但个人往往没有足够的精力和时间投入到这上面，Catherine C. Marshall 称之为"善意的忽视"(benign neglect)。另外，E-mail、社交网站、商业文件分享平台和云存储服务商等的运营状况会出现问题，个人的账号及其信息会有可能在未经通知的情况下被删除或失效。同样的情况也会出现在本地存储方式中，特种尺寸的硬盘可能会停产，被淘汰掉的硬盘将来可能会难以读取，某种专用的文件格式也会过时，造成之后的读取困难。最后，影响个人数字保存的因素还有来自恶意软件的攻击。

5.2.4　总结与启示

个人信息管理领域的这些研究成果在很多方面都对档案工作者的个人档案

---

① Beagrie N. Plenty of room at the bottom? Personal digital libraries and collections [J]. Dlib Magazine, 2005, 11(6): 1.

管理很有帮助。首先，对个人的文件整理和处置行为的分析可以运用到档案整理工作中，比如运用到重建个人文件的原始顺序方面。档案工作者可通过复制个人的文件夹目录，重建其文件原始顺序。重建原始顺序对于个人文件的利用者来说很重要，因为这种顺序能提供个人文件之间的关系，如果档案工作者随意重新安排文件间的顺序，就不能达到以上目的了。

个人对其数字文件的鉴定也会影响到档案工作者对个人数字档案的鉴定工作。个人的鉴定标准，如创造性劳动、情感因素、为后代保留记忆遗产等，也应纳入档案工作者的考虑范围。

个人文件保存方面的研究也为档案工作者提供了指引。如今个人的文件保存越来越分散，在线和离线保存的方式都有，尤其是当个人数字文件根据其商业价值（而非历史和文化价值）由第三方商业机构保存时，档案工作者要知道从哪些渠道找到这些文件，以便收集到个人档案的完整全宗。

总之，了解个人的文件形成和管理行为将为档案馆档案管理工作的开展带来多方面的帮助，这也是档案馆提前干预的目的之一。在提前干预的过程中，档案馆可以参考 PIM 领域的这些研究成果，了解收集对象的文件形成和管理行为，为后期的档案管理工作提供方便。

5.3　实例分析

5.3.1　Paradigm 项目

英国的 Paradigm 项目是在个人数字文件收集方面以干预主义方法为支柱的典型案例，笔者在研究综述中对其有过简要介绍，它是英国牛津大学、曼彻斯特大学、博德莱安图书馆和约翰·赖兰德大学图书馆的联合行动，项目以 6 个当代英国政治家的个人数字文件作为试验对象，旨在研究原生个人数字文件从摄取到提供利用的管理问题①。六个政治家来自保守党、劳工党和自由民主党。项目还对这些人的网页文件略有涉及，另外还加入了博德莱安图书馆所收藏的前内阁部长 Barbara Castle 的较旧的数字材料。

虽然政治家的文件很难代表整个社会的个人数字文件，或者说它们只是个

---

① Paradigm 项目的相关材料来自：Paradigm：Workbook on Personal Digital Archives［Z/OL］. ［2016-03-02］. http：//www. paradigm. ac. uk/workbook/index. html；Thomas S, et al. A Practical Approach to the Preservation of Personal Digital Archives：Final Report to the JISC［R/OL］. ［2016-03-02］. http：//www. paradigm. ac. uk/projectdocs/jiscreports/index. html.

人中的某方面专业人士形成的记录，Paradigm 项目仍不失为一个优秀案例，它是目前唯一的(虽然不是最早的)一个涉及文件进馆前的个人环境的项目，专注于为机构提供个人数字文件收集管理方面的解决方案，其成果包罗广泛。

这里只摘取该项目的提前干预部分的做法，这些也是该项目探索出的最具创新性的实践成果。Paradigm 项目收集到的个人数字文件是摄取到一个基于OAIS 的数字仓储，这此之前，其提前干预的措施可分为三步。

5.3.1.1　第一步：建立联系、提供指导

在文件形成之初，档案工作者和文件形成者间就建立了联系。这种联系建立后，档案工作者定期向形成者提供指导和建议，以帮助形成者管理维护其个人文件。档案工作者不断敦促文件形成者做到以下几方面：合理整理和命名文件，选择合适的或非专用的软件，通过多种在线和离线平台备份或同步数据，添加文件元数据①。

文件的一部分元数据，如标题、位置、大小、最后访问和修改日期等常是由软硬件自动生成；而像作者、文件形成目的、文档版本、关键词等元数据则常是由个人在文件的"属性/总结"选项里手动录入，或者，在包含多个文件的文件夹里，由个人将这些元数据记录在单独的简单文本书件里并保存下来。②

5.3.1.2　第二步：调查情况、签订协议

第二步，档案工作者以问卷调查的形式明确了个人数字文件的内容和背景(元数据)，以便后期的管理。调查了解到以下几方面的信息：原始的及复制的文件的在线和离线位置，纸质和数字文件的类型，文件管理和保存活动的频次，隐私和知识产权方面的问题等。另外，项目建议档案工作者以截屏的形式来捕获形成者电脑上的系统信息(如桌面的组成部分、软件的图标等)，以及更详细的文件目录结构(可通过命令行接口完成)。

Paradigm 团队还建议档案工作者与文件捐赠或寄存者提前签订捐赠或寄存

---

①　Paradigm：Workbook，pp. 281-282. 建议的格式包括开放文档格式 Open Document Format（ODF）和文本书件的 PDF 格式、数据库文件的 MySQL 或 raster 格式、图片文件的 TIFF 格式和 E-mail 的 MBOX 格式。

②　同上，pp. 277-288. Paradigm 项目还提到文件形成者应听取万维网联盟(World Wide Web Consortium，W3C)的建议，验证其个人网站、备份文件的有效性，将文件副本离线存储，按周期管理其系统软硬件。这里提供的其他建议有：使用加密和开源加密软件，著作权意识，以及处理数字文件遗产方面的建议等。

协议，以确定数字文件的所有权，明确第三方的版权，授权档案馆可采取一定的保存措施(如迁移、备份)，并确立访问的许可和限制条件。最后，还要进行收集前的鉴定，旨在评估形成者文件的内容、背景、结构和技术状况。

5.3.1.3　第三步：制定方案、开展收集

第三个步骤是制定了 5 个可供选择的方案来获取形成者的数字文件。第一个方案是档案工作者在线以快照形式①捕获形成者的数字文件，然后立即接收进数字仓储。接收过程中，按照机构和形成者间的协议来确定接收的文件类型，并确保以预先商定的间隔时间进行接收(Regular snapshot accessions)。

第二个方案建议档案机构与文件形成者建立持久的联系，并提供建议和指导，监督文件的管理。这种方案下，数字文件不是通过定期接收的形式获取，而是一直由形成者管理，直到可以鉴定并移交到档案仓储(post-custodial approach)②。

在第三方案中，档案工作者像在前两种方案中一样与形成者保持联系，但只在个人文件所在的软硬件不再为个人所用的情况下才进行接收。这种方案下，档案工作者获取的是文件形成者已淘汰的个人电脑、硬盘、其他存储媒介、外围设备及软件等(transfer via retired media)。

第四个方案也需要档案工作者和文件形成者保持联系，但此外还需要档案工作者向个人提供数字服务，如在线聊天指导、远程数据备份服务、网站托管服务等。在这种方案下，Paradigm 指出形成者可以按自身意愿形成其文件，但是要使用档案机构指定的工具和服务，最后由形成者将文件远程上传到基于 OAIS 的仓储中 (self-archiving)。

第五个方案，鉴于档案机构会继续通过与纸质档案同样的方式获取个人数字档案，Paradigm 指出，在形成者退休或离世时收集个人档案的传统方法很可能与其他四个方案同时存在 (traditional approach)。针对这种方案，Paradigm 提供了一些方法来改善文件格式过时和媒介不可读取的情况，比如，可将硬盘

---

①　SNIA(存储网络行业协会)对快照(Snapshot)的定义是：关于指定数据集合的一个完全可用拷贝，该拷贝包括相应数据在某个时间点(拷贝开始的时间点)的映像。快照可以是其所表示的数据的一个副本，也可以是数据的一个复制品。快照在备份、数据保护过程中发挥着越来越大的作用。

②　定期快照接收还可以与第二个策略相结合，一部分文件定期接收，以方便及时摄取到仓储，另一部分在档案工作者的监督下，由个人管理(Combining snapshot and post-custodial approaches)。

从个人电脑移除，用磁盘镜像技术抽取和复制其内部文件和软件，而对于被侵蚀的或不可读取的数字信息，可用专门的开源数据恢复工具或第三方服务商提供的类似程序来捕获(digital forensics and archaeology)。

5.3.2 Digital Lives 项目

前文已经介绍过，Digital Lives 是大英图书馆成立的针对其收集对象的数字文件的保存项目。项目的实施过程是首先面向广大收集对象调查其个人文件形成和管理行为，在此基础上为图书馆提出收集保存个人数字文件的解决方案。由于前期针对个人的调查工作做得比较扎实，该项目提出的众多方案中，最富特色的就是其前端应用方案，即 iCuration 应用。通常鉴定、与捐赠者协商和档案收集方面的工作是在现场或者说离线完成。而 Digital Lives 提出，这些工作中的大部分都可在线完成，在 iCuration 应用中，档案工作者可向捐赠者提供在线建议和培训，发布个人数字文件管理和保存方面的工具和服务，并远程获取个人数字文件。①

事实上，在 iCuration 中，很多业务都可通过远程会话完成，档案工作者可以通过它调查个人电脑的情况，研究和记录个人的文件保管行为，鉴定甚至通过 SFTP 或 SSH 协议移交个人数字文件，或者通过类似于 Dropbox 的文件寄存服务获取个人数字文件。② 此外，目前在线培训和建议可用 RSS 推送方式提供，还能将形成者用来存储文件的 E-mail、社交媒介平台及其他在线服务的服务条款最新动态发给形成者③。通过网络中与个人的接触，档案工作者还可定

---

① John L J, et al. Digital Lives, Personal Digital Archives for the 21st Century: An Initial Synthesis, Beta Version 0.2 [R/OL]. [2016-03-02]. http://britishlibrary.typepad.co.uk/files/digital-lives-synthesis02-1.pdf.

② 远程桌面协议(Remote Desktop Protocol, RDP)，由微软设计，通过网络连接提供远程展示和数据输入。用户可用远程桌面客户端从任何支持 RDP 的其他电脑(最近还可从智能手机)访问个人电脑。档案工作者可用 RDP 和捐赠者电脑互动，类似 IT 技术服务部和职员工作站之间的互动方式。见：Microsoft Corporation MSDN Library. Remote Desktop Protocol [EB/OL]. [2016-03-02] http://msdn.microsoft.com/en-us/library/windows/desktop/aa383015(v=vs.85).aspx.

③ 由于网页邮件服务和社交媒介网站经常更新和改变服务政策，RSS 推送可用来提醒个人文件生成者，以防其在线内容面临被删除或被盗用的危险。Digital Lives 项目还调查了当前许多在线服务提供商有关隐私和版权的条款。见 John L.J., et al. Digital Lives Personal Digital Archives for the 21st Century: An Initial Synthesis, Beta Version 0.2 [R/OL]. [2016-03-02]. http://britishlibrary.typepad.co.uk/files/digital-lives-synthesis02-1.pdf.

制 iCuration，以服务于计算机水平不同的文件形成者。

5.3.3 iKive 项目

该项目严格来说不是针对如何对个人的数字文件形成和管理行为进行规范和指导的，而是针对提前干预的最后阶段——收集环节。项目发明了一种基于网站平台的上传方式，它是除了 iCuration 应用中提到的类似于 Dropbox 的文件寄存方式等之外，另外一种方便个人向档案馆提交其数字文件的方式。而且该平台不仅仅负责接收个人数字文件，还对不同类型个人数字文件在接收前的整合进行了深入的研究，因此也是一个颇具特色的前端控制的工具。

该项目创立于 2012 年，创立者是伊利诺伊大学图书馆的档案部门(该校在图书馆与情报科学研究方面位于全美第一)。项目创建了 iKive 网站，致力于向用户提供可信的、集中式的存档服务，能将用户的桌面文件、社交媒体文件、电子邮件和其他具有长期保存价值的文件进行集中存档。这些文件将以标准的格式被保存到一个冗余的、基于云的服务器①。

iKive 创立的初衷是为了方便人们整合分散在各处的文件，从而为档案部门的收集工作打好基础。对档案工作者来说，如何应对个人文件存储的分散性一直是一大难题。数字时代这个问题更加复杂，因为个人的文件会分散在不同的电脑和不同的服务器上。为解决这一挑战，iKive 整合了各种开源工具，如 SparkleShare(桌面文件存档工具)、ThinkUp(社交网站存档工具)、MUSE(电子邮件存档工具)等，能把分散在不同虚拟地址上的各类型文件统一保存起来。用户只要在 iKive 网站上注册，并进行最初的设置，iKive 就会利用内置的各种开源工具自动将其桌面文件同步到本网站服务器，并对其社交媒介中的文件以及电子邮件进行收集。

作为收集个人数字文件的一款前端工具，iKive 旨在为个人的不同类型、分散在不同位置的数字文件提供一个集中存档的场所。其通过网站平台收集个人数字文件的做法为档案界提供了一种新思路②，将分散在不同位置的数字文件(包括电子邮件、社交媒介文件等存储在网络服务器上的文件)集中保存的

---

① iKive. com. What is iKive. com？［EB/OL］.［2016-1-2］. http：//www. ikive. com/about.

② 在这方面，其实我国上海交通大学的数字档案馆也有类似的做法，即向全校师生提供云存储平台，个人可用本校账号登录并备份文件，档案馆可对上传的文件进行审核归档。

理念尤为值得借鉴。

5.3.4 评价

Paradigm 项目的做法和 Cunningham 提出的提前干预方法一样引发了不少争议。一方面，在对个人的文件形成活动进行干预之前，Paradigm 不可避免地要首先假定某些个人的文件具有一定的历史或文化意义。另一方面，Paradigm 对个人文件形成过程的干预损害了档案理论的一些基本信条，学者们质疑其破坏了档案形成的自然过程。对此，Paradigm 的研究人员 Susan Thomas 和 Janette Martin 的解释是，"尽管存在这些哲理问题，项目团队还是认为由于数字文件十分脆弱，容易遭受意外的或有意的损坏，因而我们必须进行提前干预，这种方法值得我们进行原则上的妥协"①。然而，在哲理上的问题之外，在实际执行上，Paradigm 提出的五种收集方案(详见前文 5.3.1.3)也存在一些问题或不足之处。

第一种方案，定期的快照接收方式需要档案工作者定期到现场或进行远程访问，从而方便了档案工作者在文件的实际使用期间对其进行价值鉴定，并且方便了档案工作者向形成者咨询有关的额外背景信息(为技术和保存元数据及未来的档案著录过程提供信息)。然而，这种方法的缺点也很明显，即很多数字文件的复制件会被重复接收。另外，如果接收时间没有安排好，可能会错失两次接收之间生成和删除的重要文件。

第二种方案推迟了个人文件保存在数字仓储内的时间，同时却也方便了档案工作者向文件形成者提供指导和建议。然而，除非有提前签订好的某种法律协议，个人文件形成者并没有义务向数字仓储移交他们保管的数字文件，因此结果很可能是数字仓储付出了人力、时间和资源，到最后却没有任何收获。

通过被淘汰的媒介来获取数字文件的方案可以保证数字文件在生成它们的软硬件中以完好无损的方式进入仓储，也方便了对破碎媒介进行数据抽取和数据恢复。但是与第一种方案相比，收集的时间较晚，难以保证重要文件没有被丢失或损毁。

第四种方案向文件形成者提供在线工具和服务，并提供远程上传到接收仓储的渠道，这对希望将个人数字文件尽早置于控制之下的档案机构来说非常具

---

① Thomas S, et al. Paradigm: Workbook on Personal Digital Archives [Z/OL]. Oxford: Bodleian Library, 2007. [2016-02-29]. http://www.paradigm.ac.uk/workbook/index.html.

有吸引力。这种自我存档方法对形成者也很有益处，因为他们有了一个可靠的仓储，可在系统死机、遭受恶意软件攻击、计算机系统升级时存储文件。这种方法的风险是数字仓储对文件进行管理的工作量将会大大增加，因为很可能数字文件当天被寄存，第二天就被检索。另外，在个人偏好选择其独特的文件生成软件和服务的前提下，向其提供符合档案要求的文件格式、工具和服务会比较有难度。

整体来说，Paradigm 提出的几种方案各有优缺点，因而在实践中档案工作者应尽量对各种方案进行灵活的组合，而不是死板的执行，这才是数字时代最务实的个人文件收集策略。

至于 iCuration 和 iKive，它们其实就是两款专门的应用，而不是像 Paradigm 项目那样是通过对个人数字文件收集及收集前准备活动的实践所探索出来的一整套解决方案。其中，iCuration 能够方便档案工作者在线完成一些提前干预的业务，包括对个人的文件形成和管理行为的在线调查、向个人提供在线指导、对个人数字文件的在线接收等。我们可以把它视作 Paradigm 所提出的第四种收集方案的一种实现途径，因而同样也具备上面所提到的第四种方案的缺点。不过，由于各种业务都可在线完成，该应用将为档案馆节省大量人力和时间，对档案工作者来说应该是非常有吸引力的，因而在未来的档案馆个人数字文件业务领域，该应用将极富前景。

而 iKive 作为一个收集平台，其最大的优点是整合了各种工具，方便了个人将其分散在各处的数字文件集中存档，从而为档案工作者的收集工作打好了基础。另外，个人可以随时向 iKive 平台存档，接近于 Paradigm 项目中建议的第一种定期接收的收集方案，档案馆获得个人数字文件的时间较早，从而能够避免个人数字文件的流失或损毁，因而可以算作一种特殊的提前干预。然而，该应用只针对收集环节而忽略了收集前的指导活动，因而难以保证个人按照档案工作者的要求形成和管理其文件。所以，档案工作者在通过 iKive 收集个人数字文件时，还需要搭配上以各种方式对个人进行的前期指导，比如档案馆可尝试在 iKive 平台上增加工具及方法指导板块，向个人提供文件形成和管理工具以及方法指导性文件，还可增加 BBS 板块，向个人提供咨询服务。

5.4 提前干预的建议实施步骤

基于前文中 Cunningham 对提前干预方法的解释以及上面的实例分析，提前干预的实施步骤可大致归结为以下两个阶段，档案馆可以按照这两个阶段中建议的内容开展对个人数字文件形成者的提前干预工作。

5.4.1 第一阶段——初步和周期性的接触活动

档案工作者确定了收集范围之后，就可以采取一些初步的行动。

首先，和文件形成者进行最初的接触，同时讨论和商定未来接触的频率。在该阶段，档案工作者要进行现场调查，记录硬件的品牌、型号和软件的名称、版本，对过时/已被淘汰媒介进行定量（容量和占用率）和定性（数据类型）评估，为个人文件形成环境拍照或录制视频。然后，对形成者进行采访，了解他们正在使用的在线存储服务（如 E-mail、社交媒介平台）的数量，及其电脑、外部硬盘、移动设备和云存储数据间的同步情况。此外，还要了解形成者对其不同数字文件价值的认识，在此基础上形成一个个性化的价值分类，以帮助档案工作者最终的鉴定、整理和著录。最后，档案工作者还要确认形成者个人电脑的 IP 地址以方便将来的远程会话，并商定采取哪种方法移交个人文件，是定期远程获取（档案工作者完成）还是按照提前定好的间隔时间进行寄存（形成者完成）。

理想的工作模式是：档案工作者尽可能多地远程连接到形成者的个人电脑，以避免到现场开展工作的人力浪费①。这些远程访问的频率和时长以及档案工作者对个人电脑内容的检查细致程度（如对专门文件夹和硬盘的限制访问）也必须提前商量好。

为了实现对文件来源和完整性的控制，档案工作者最好也为文件和文件夹（或整个硬盘）生成散列值（如 MD5 或 SHA-1），然后记录在数据库注册表中（此条针对要将数字文件保存在数据库中的档案馆）。

在这次及后续的每次访问中，可通过文本书件或截屏形式捕获形成者个人电脑的目录结构信息，因为这些记录了数字文件的原始顺序及其随着时间的发展演变。

档案工作者可在收集对象的电脑上安装一些开源软件，如对在线数据进行回收的工具，文件拖放移交软件等；也可开发更严格的移交程序，来生成数字空投场，形成者可用它来投放数字文件到一个桌面图标里，该图标反过来自动

---

① Paquet L. Appraisal, Acquisition and Control of Personal Electronic Records: From Myth to Reality[J]. Archives & Manuscripts, 2000(28): 71-91.

上传数据到档案服务器①；还可建议形成者安装可联网的家庭存档系统②来管理其根据个人价值观念选择保存的文件。

在结束访问前，档案工作者还应向个人宣传对存量和增量数据进行定期备份、数据回收（针对在线数据）、系统诊断和查毒的重要性，有条件的也可安排让这些任务自动完成③。

5.4.2 第二阶段——数字收集活动

提前干预方法的第二阶段涉及数字文件的具体收集，原则上，收集是按事先商量好的间隔时间定期进行，而不是一次性收集。在第二阶段的早期，需要重点关注濒危文件（如保存在软盘上的和老式电脑上的文件），因为这些文件在下一次收集时可能就不存在或不可读取了。接下来，可以借助 PIM 的研究成果，完成对形成者个人电脑的初步鉴定，明确个人的文件保管习惯（是主要基于搜索还是浏览查找文件），检查其目录和文件夹结构（是经常整理者还是从不整理者）。如果个人电脑上已安装家庭存档系统，这时也要对系统内的文件和元数据进行鉴定，若有即将过时的文件格式要进行及时迁移。

收集数字文件时，档案工作者可以远程提示形成者将文件上传到一个安全的档案服务器（可通过 SFTP 或文件移交软件），或者通过对特定文件夹或整个个人电脑系统进行磁盘镜像的形式来捕获数字文件。对于一些在线数据，如博客或社交媒介上的数据，如果形成者已主动收回并保存，或者档案工作者在获得许可的条件下已进行收割，也可在此时捕获。在这个阶段，个人计算机里积累的来源信息已经达到可以接受进馆的程度，要尽量将这种有价值的信息捕获并反映在基础的、受档案工作者认可的、结构化的元数据中。之后，将这一阶

---

① 国外一些档案机构为确保移交后文件的完整性，还会用一个类似于国会图书馆的 BagIT 的程序对文件进行说明。使用 BagIT，文件内容可与包含文件目录和每个文件 checksum 的简单文本书件清单一起被打包。

② 比如，维也纳科技大学软件技术和互动系统学院开发的 the Home and Office Painless Persistent Long-Term Archiving（HOPPLA）软件，可向个人提供文件保管的专门技术，遵循类似于防火墙和杀毒软件的服务模式，提供对数据集的备份和完全自动迁移服务，只要数字对象处境危险，随时可以进行迁移。见：Strodl S.，et al. Automating logical preservation for small institutions with Hoppla［EB/OL］.［2016-03-02］http：//www. ifs. tuwien. ac. at/dp/hoppla/.

③ 尽管不可能保证连续性，还是建议档案工作者尽可能让形成者给文件添加语义元数据（比如，可添加在文件的属性领域）。

段收集的所有数字对象和元数据移交到一个稳定的离线数字环境，以备进一步的档案处理。

5.5 小结

由于数字文件的不稳定性，档案馆在开展个人数字文件收集工作时，不能按照传统的工作模式，在个人退休或即将退休甚至离世后才开展收集。为获取到个人数字文件，并且是可读取的、元数据尽可能完整的个人数字文件，档案馆有必要考虑采取提前干预方法，尽早联系个人，争取个人同意，了解个人的文件保管习惯，对个人的数字文件管理进行指导，并提前协商移交日程。

在开展这种工作之前，档案馆可以借鉴 PIM 领域的研究成果，了解学者们对个人的信息管理行为的观察和分析结果。还可以借鉴国外机构的个人数字文件保存项目经验，如 Digital Lives，开展对个人信息管理行为的调查访谈，然后在调查结果之上有针对性地规划收集工作。最后，具体实施前期接触及个人数字文件收集活动时，可以参考 Paradigm、Digital Lives、iKive 等项目的经验。

6　因　地　制　宜
——不同档案馆管理个人数字档案的路径选择

本书第3部分的问题分析中指出的第3个问题是：档案馆将个人档案接收到馆内以后，在对个人档案的管理上，工作方法简单原始，难以满足数字时代个人档案的管理要求。因此，档案馆急需改进其个人数字档案管理方法。然而，这项工作也不能一蹴而就，鉴于各馆的信息化和数字化水平的不同，各馆需要根据自身的情况，因地制宜、循序渐进地开展个人数字档案的管理工作。

本部分为不同档案馆对其个人数字档案的管理提供了四种路径，分别是：从物理媒介上的个人数字档案着手保管的路径、依托本馆数字仓储的路径、依托管理软件的路径和与其他机构合作的路径，以下将分别对这四种路径进行分析。

6.1　从物理媒介上的个人数字档案着手保管的路径

对于还没有全面开展个人数字档案收集和只收集了少量光盘、磁盘或其他物理媒介的档案馆，可从现有的物理媒介着手，对其进行妥善处理并将上面的数字档案以合适的形式进行长期保存。因为要保证长期可访问，光盘、磁盘等比纸张更需要尽早维护，甚至一些光盘、磁盘在刚进馆时就已老化，还有一些光盘、磁盘没有经过仔细的状况检查就被收入档案馆，如果不加以妥善处理，档案馆最终面对这些媒介时，将需要通过数据恢复才能访问。

而要维护这些物理媒介上的个人数字档案，首先需要了解物理媒介上的个人数字档案的一些保管规律。

6.1.1　物理媒介上的个人数字档案的保管规律

第一，在存储媒介的寿命方面，个人数字档案可以保存多久与存储媒介的寿命密切相关。因而，档案馆必须提前预料到媒介将会出现的磨损，并及时进行处理，否则，一旦出现问题，上面的内容就不能再被读取。

110

第二，在存储媒介的类型和格式方面，物理媒介被收集进馆通常是在其面世很多年以后，因此很可能出现的情况是该类型或该格式的媒介已经过时或已不再通用。比如，曾经风靡一时的软盘（磁盘的一种）现已退出大众市场；现今的磁盘也有多种格式（即不同的分区格式）。档案馆需要查明馆藏磁盘的格式，针对多种格式的磁盘，可采用专门的读取工具来自动分析、识别和读取。这样，档案馆才可访问存储在各种磁盘上的文件，并把它们拷贝到更耐用的存储媒介上。

第三，在接下来的存储媒介的选择上，应尽量选择能够保证对数据的长期访问的存储媒介。可以使用可移动存储媒介，如 CD-R（recordable compact disc）光盘，但也需要对其进行监管，以确保在其损坏或过时之前把数据迁移到新媒介。另外，在定期备份以及有可用的存储空间的条件下，网络化的或在线的存储也可以作为一种选择。

第四，有关文件格式和对软件的要求的信息。在访问磁盘文件时还会经常遇到的一个障碍就是缺少有关文件格式及其对软件的要求的信息。名人的电子文件通常是文本书件，或者数据库文件，它们可能是用任何一款软件生成的。没有原始软件，就难以再次访问该文件。对此，前面提到的磁盘读取工具中有些也具有读取旧版字处理软件和数据库系统中生成的文本书件的功能。这种工具还能将文件转换到不同的格式。它包含多种转换表来转换不同类型的字处理文件，也允许用户自定义转换一些不常见的格式。

第五，文件转换的目标格式。把文件转换到其他格式的过程中，需要谨慎选择目标格式。以文本书件为例，转换的过程中需要注意：

一方面，格式不应是专有的，因为一旦发生变化或者当格式不再被软件支持，就不能转换成其他格式或者只能转换成有限的几种价格比较昂贵的格式。

另一方面，开源的格式对于未来的访问来说是最理想的，这意味着你能获取有关文件编码方式的详细说明。它的好处在于：只要保存一份能够被读取的说明书，将来就能破解数字文件的内容，即使没有原始的文件生成软件。

国外一些档案馆选择将文本书件转换成 Rich Text Format（RTF）格式。这是一种被广泛支持的开源格式，同时还需保存一份说明书。而我国的《电子文件归档与管理规范》中规定："（党政机关及其他社会组织所收集的）文字型电子文件以 XML、RTF、TXT 为通用格式"①，不过这只是对机关内归档时的电

①　电子文件归档与管理规范［S］. GB/T18894-2002.

子文件格式的规定，至于电子文件的长期保存的格式，国家目前还没有正式的规定。

第六，维持文件的原始顺序。通常认为名人形成的纸质文件的排列顺序很重要，要维持其原始顺序。这同样适用于电子文件，包括维持其文件目录的结构和文件的命名习惯。然而，在迁移或转换文件时，文件排列和命名的原貌往往难以维持，因此，为了方便将来参考，可以保存原始数据的一份精确副本，通过这种方式维持原始结构和命名习惯。

第七，在迁移或转换文件时，保持文件的布局也是非常重要的。修复旧文件中的文本很简单，但有些文件的含义不仅仅体现在语词中，页面上字词的布局可能和文本一样重要。诗歌就是一个很好的例子，不同的布局就传达了不同的含义。另外，剧本中文本的布局也很重要，会方便读者对其内容的掌握，比如，人物姓名一般出现在左边，缩进两个字表示接下来是讲话，斜体代表舞台提示等。

第八，对文件真实性的保障。数字文件的更改经常没有留下明显的编辑痕迹，这就出现了如何证明所保存的文件是原始版本且在形式上是原本布局的问题。

数字文件保管的目标是保留所有文件的原始版本，保存它们的原始目录结构、布局和文件名。可以应用一些真实性检测工具如 check sum，以防将来有人怀疑文件有改动。问题在于为了方便访问，许多文件必须迁移到另外一种格式，这会从根本上改变文件，原来的 check sum 也不再适用了。

然而，即使这样，我们还是会保存文件的原始版本，该原始文件可能会被拷贝，甚至迁移到另一种格式，然后被重组结构甚至重命名以方便利用。所有这些变化都要在对应的保存文件中记录下来，以便新文件追溯其历史，查看哪些部分属于原始文件，哪些部分已被原始作者在生成之后进行了改动。

6.1.2　澳大利亚国家图书馆的相关项目经验分析

2001 年，澳大利亚国家图书馆(National Library of Australia，NLA)发起了一个项目①，以寻找本馆大量手稿中的电子材料并应用新的保存方法来确保对这些材料的长期访问。具体实施步骤如下：

---

①　Woodyard D. Data recovery and providing access to digital manuscripts [R/OL]. [2016-07-03]. https：//www. nla. gov. au/our-publications/staff-papers.

6.1.2.1 查找磁盘在馆藏中的位置

澳大利亚国家图书馆自 1910 年就开始收集手稿，这些手稿占据了 10 公里长的书架，有 1700 个大的全宗，总共 2000 多万件。埋藏在这些手稿中的还有许多不同年龄、不同格式和不同内容的数量未知的计算机磁盘。

图书馆第一步要做的就是确认这些磁盘在馆藏中的位置。由于馆藏量很大，逐一浏览每个卷宗是不可能的。NLA 利用馆员对馆藏情况的了解以及档案编制的规律缩小了范围。

首先，可按日期排除不可能包含电子材料的全宗。市场上引进 8 英寸软盘是在 20 世纪 70 年代初；5.25 英寸软盘最初出现在 1976 年，一直流行到 1987 年。1980 年市场上出现了 3.5 英寸磁盘。由于没有发现过任何手稿或其他材料存储在 8 英寸软盘之上，图书馆就把查找范围集中在 20 世纪 70 年代末之后的全宗。

根据馆员对馆藏情况的了解，早期收藏的也基本没有来自个人的磁盘，而主要是来自机构的磁盘，因为早期只有机构才有使用电子媒介的资源和需要。

然而，这样还剩下很大一部分全宗要从中查找。由于当收藏的材料达到 3 盒以上时，就会有检索工具，而馆员也发现少于 3 盒的全宗(90%的全宗都是这样)不可能包含内容重要的磁盘，因此检索工具可以作为查找工作的良好起点。只是不幸的是，检索工具中对电子材料的描述不连贯，很容易遗漏一些磁盘。按此方法，共发现有 22 个载明包含计算机磁盘的全宗。

6.1.2.2 处理

NLA 通过跨媒介软件来破译过时的磁盘和字处理格式，而如果磁盘已经损坏，就需要寄给专门的数据恢复的公司，其业务与内容丰富的英国文献《数据考古：拯救被忽视的和被损坏的数据资源》中描述的大致相同①。

6.1.2.3 保存

NLA 暂时将磁盘中的文件保存到网络驱动器②中，然而后来图书馆开发了

---

① Ross S, Gow A. Digital Archaeology: Rescuing Neglected and Damaged Data Resources [R/OL]. [2016-03-12]. http://www.ukoln.ac.uk/services/elib/papers/supporting/pdf/p2.pdf.

② 当网络中电脑的磁盘作为共享数据区域允许网络用户访问时，该驱动器就变成了网络驱动器了。这个驱动器可以是硬盘驱动器、软盘驱动器、只读光盘驱动器等。

一个数字服务项目，其中包括一个数字对象存储系统（Digital Object Storage System），可以存储馆藏的所有数字内容。

6.1.2.4 选择

项目认为，并非所有的电子材料都必须进行耗时的保管，可参考图书馆的手稿收集政策来确定 NLA 希望保存哪类材料。比如，如果对磁盘中的文件随附一个打印版就已足够，那么就不用上传到网络驱动器保存了。然而，如果文件将会面临频繁使用，就必须考虑以数字形式维护文件，因为数字访问更加方便。

6.1.2.5 提供即时访问

将数字材料的提供访问时，有许多问题需要注意，最重要的就是要避免直接提供对原始文件的访问，以防丢失、更改或篡改。提供访问的机器需要有合适的软硬件。还要留意打印复印设备，只允许适当的拷贝或在线发送量。

NLA 在手稿阅览室的独立电脑上提供访问。当读者请求文件时，从内部网络驱动上拷贝一份到软盘，并上载到阅览室机器。目前没有提供打印设备，拷贝用后即删。

6.1.2.6 安保措施

存储应保证绝对安全并防止干扰。作为预防措施，文件应设置为只读，以避免意外的更改。NLA 的做法是将材料存储在网络驱动上，只有手稿部员工可见，并且属性也为只读。

一些手稿是敏感材料，可以限制或关闭一段时间，比如 20 年。对这些限制条件的实施必须仔细监管，以确保执行。还要让 IT 员工相信尽管使用率很低，公众对这些材料有很大需求，否则热情过度的管理员有可能应用标准 IT 逻辑删除最近没有被使用的文件。

6.1.2.7 记录"保存元数据"

任何高质量的保存策略都会强调要将维护过程详细记录下来。管理数字文件时，会比管理传统文件更需要相关的信息和元数据来支持高效决策，因为面对数字文件，只靠观察外观就能看出问题的机率更小，只能通过相关信息和元数据来识别和管理数字材料。另外，数字材料数量更多，工作量更大，而且保存周期更短，所以管理过程要尽可能自动化，这就需要依靠便于机器识读的元数据。

NLA 耗资起草了自己的"保存元数据"模式，阐明了需要详细记录的有关数字文件保存的信息，包括技术描述和系统要求，对材料采取的行动，以及对保存责任的说明等。

6.1.3　评价与启示

NLA 的这次数字手稿项目是该图书馆为应对物理媒介(光盘、磁盘等)上的手稿所带来的挑战而采取的初步行动，针对的主要是文本书件(作家、剧作家的手稿等)，暂没有涉及其他格式的数字材料，如 E-mail、网页等。这种情况其实与目前我国大部分档案馆非常相似：目前我国档案馆馆藏的个人档案也是以纸质为主，只有少量光盘、磁盘等物理媒介；另外我国收集到的物理媒介上也较少有 E-mail、网页类的文件。因此，该项目对我国的档案馆来说有很好的启示和借鉴作用，具体来说主要包括以下几点：

第一，可从馆藏中现有的物理媒介上的个人数字档案着手，开始开展个人数字档案的保管工作。对馆藏名人档案全宗中的物理媒介进行排查，检测其状况，对于不达标的光盘、磁盘，及时将上面的数据进行迁移；对于已出现问题的光盘、磁盘，及时进行数据恢复。在这方面可以参考国家的《电子文件归档光盘技术要求和应用规范》(DA/T38-2008)和《磁性载体档案管理与保护规范》(DA/T 15-1995)。另外，笔者在调查中还了解到有档案馆以 U 盘形式接收到一些院士的部分电子文件，但是一直还未作处理，这种情况下更需尽快将数据迁移到安全性更高、更耐用的存储媒介上，因为目前来说多数 U 盘尚不适合用作长期保存的媒介，如果不及时迁移很容易造成数据不可读取的情况。

第二，对不便长期保存的文件格式进行转换。目前国家尚未对进馆的电子文件的格式作出明确规定，但是前文已经提到，国家已对机关及其他社会组织所收集的文字型电子文件格式作出了规定，指出通用格式是 XML、RTF 和 TXT，这一规定其实也可应用到进馆的电子文件格式上。然而，据相关学者在 2012 年对我国省级副省级档案馆电子文件接收情况的调查，目前这些档案馆接收到的电子文件格式多种多样，有 17 种之多，仅文本书件一类就有多种格式，其中，DOC、PDF、TXT 三种是最常见的格式。也就是说，许多机关单位并没有遵守国家的规定。具体到个人的数字文件，显然其格式的规范化更难以保障。因而，档案馆需要对物理媒介上的个人数字文件的格式进行检查，并对不便长期保存的格式进行及时转换。

第三，对个人数字文件进行迁移或转换时，要注意维持文件的原始顺序、命名习惯和布局格式。可以通过复制文件的原始目录结构来保留原始顺序和命名习惯，在转换时还要留意代表文件布局的标识符。

第四，保障个人数字文件的真实性。可以保存文件的原始版本，并用真实性检测工具生成校验和，但是之后对文件的每次处理也要以"保存元数据"的形式记录下来。

第五，个人数字文件的提供利用，可以通过拷贝形式拷贝到供查阅利用的电脑上提供利用，但要注意个人数字文件中涉及的隐私及知识产权问题，对部分内容进行限制。

另外，除了本书介绍的处理方法，2009 年澳大利亚国家图书馆又开发了专门的软件 Prometheus，可用来把数字内容从物理媒介上转移到存储系统中。该软件是半自动的、可扩展的(能处理不同类型的物理媒介)，具有媒介镜像、文件识别和元数据抽取等各种功能①。而且，在澳大利亚国家图书馆之外，国外还有许多其他文化机构(包括档案馆)也开展过物理媒介上的名人数字档案的保管工作，这些媒介的形式多种多样，包括硬盘、软盘、光盘甚至整个电脑等。这些机构在对这些媒介及其上面数字档案的处理上也积累了大量的经验，比如：美国得克萨斯州立大学 Harry Ransom 人文研究中心的 Arnold Wesker② 数字手稿项目研究探索了对物理媒介上的数字档案进行自动化批量化处理的工作流，包括自动、批量地制作硬盘目录、建立文件目录、建立文件副本、剔除重复文件、迁移到新媒介等，证实了通过各种能花费得起的软件和工具的使用，加上对一些计算机技术的运用，在有限的时间和资金条件下同样能完成物理媒介上的大量数字档案的处理③。另外，在濒危档案的保护方面，美国 Emory 大学的手稿、档案和珍本图书馆(MARBL) 曾对著名作家 Salman Rushdie 的个人数字档案展开过拯救行动，其中运用到了迁移、仿真、数字考

---

① Del Pozo N, Elford D, Pearson D. Invited Demo：Prometheus：Managing the Ingest of Media Carriers [C]//Proceedings of DigCCurr2009 Digital Curation：Practice, Promise and Prospects, 2009：73.

② 英国剧作家 Arnold Wesker(1932—?)是 20 世纪国际戏剧界的关键人物之一，其戏剧被翻译成了 17 种语言并在全世界上演。

③ Kim S, Dong L A, Durden M. Automated Batch Archival Processing：Preserving Arnold Wesker's Digital Manuscripts[J]. Archival Issues, 2006, 30(2)：91-106.

古等各种技术①。这些经验都可为国内档案馆针对物理媒介上个人数字档案的处理、保管和提供利用工作提供借鉴。

6.2 依托本馆数字仓储的路径

已建成数字档案馆的档案机构可以考虑将个人数字档案纳入到数字档案馆中，在数字档案管理系统中对个人数字档案进行采集、管理、保存和提供利用。然而，在主要为机关电子档案开发的数字档案馆中开展个人数字档案工作，必须要首先分析其可行性。

6.2.1 数字档案馆纳入个人数字档案的可行性分析

按照国家档案局发布的《数字档案馆建设指南》(档办〔2010〕116 号)②以及《数字档案馆系统测试办法》(档办发〔2014〕6 号)③，数字档案馆是指各级各类档案馆为适应信息社会日益增长的对档案信息资源的管理和利用需求，运用现代信息技术对数字档案信息进行采集、加工、存储、管理，并通过各种网络平台提供公共档案信息服务和共享利用的档案信息集成管理系统。下面将分别从采集、管理、保存和利用环节分别分析数字档案馆纳入个人数字档案的可行性。

6.2.1.1 数字档案馆纳入个人数字档案的可行性

1. 采集环节的可行性

(1)离线采集

---

① Carroll L L. Arranging and Describing Born-digital Archives：The Salman Rushdie Papers at Emory University ［EB/OL］. PPT presentation at Conference of Association of American Archivists，Chicago，Illinois，August 26，2011.［2016-03-09］. http：//e-records. chrisprom. com/wp-content/uploads/2011/08/PAERWhatWorksNow. pdf；Lofus J M. The Author's Desktop ［J/OL］. Emory Magazine. 2010(Winter).［2016-03-09］. http：//www. emory. edu/EMORY_ MAGAZINE/2010/winter/authors. html.

② 国家档案局. 数字档案馆建设指南［Z/OL］.［2016-03-09］. http：//www. jxdaj. gov. cn/id_2c90819852202867015 2205f3bdd01ef/news. shtml.

③ 国家档案局. 数字档案馆系统测试办法［Z/OL］.［2016-03-09］. http：//www. jxdaj. gov. cn/id_2c9081985220986 30152243478070ae5/news. shtml.

在我国目前的情况下，个人数字档案最初可以通过拷贝形式移交到档案馆。这与机关电子档案相同，虽然我国已经开展了机关电子档案在线移交与接收试点，但多数档案馆接收机关电子档案还是通过拷贝形式离线接收。

机关的电子档案最初主要是纸质档案的扫描版，因为国家规定机关档案要保存一定年份才移交（比如，属于省级国家档案馆接受范围内的档案，立档单位应自档案形成之日起满 20 年即向有关的国家档案馆移交①），而立档单位保存 20 年的档案基本都是纸质档案，没有电子档案；2012 年，国家规定档案移交单位一般自电子档案形成之日起 5 年内向同级国家综合档案馆移交②，自此开始移交原生电子档案。个人的数字档案也是既包括原生数字档案，也包括后期数字化的档案。

因此，从接收形式和数字档案的形式来看，个人的数字档案都和机关电子档案情况相同。个人数字档案在移交时可以参照机关电子档案相关的文件和经验，如《电子文件归档与管理规范（GB/T18894-2002）》和《电子公文归档管理暂行办法》。只是在移交前鉴定、检测时对个人数字档案的要求要比机关电子档案低。

（2）在线采集

一些数字档案馆已经实现机关电子档案的在线接收，数据从档案移交单位的档案管理系统或业务系统导出，向档案馆信息系统导入。个人数字档案的在线移交在国外可以通过一些专门的软件，档案馆通过这些软件远程获取个人的数字档案。在我国，一些数字档案馆，如青岛数字档案馆的接收采集系统包含了档案资料征集系统，该系统充分利用计算机和互联网络，实现了通过互联网络发布征集公告，并实施网上接收、登记、立卷归档和移交③。另外，国家档案局对数字档案馆的要求还包括"通过系统接收、采集 2 种以上与馆藏档案相关的数字资源（电视新闻、网上信息）"④，因而理论上也能接收、采集有关名人的网络新闻、视频、名人的主页等信息。

另外，机关电子档案的移交接收，无论是在线方式还是离线方式，都需要

---

① 中华人民共和国档案法实施办法（国家档案局一九九九年第 5 号令）[Z/OL].[2016-03-09]. http://archieves.hbvtc.edu.cn/shishibanfa.htm.

② 电子档案移交与接收办法（国家档案局档发[2012]7 号 2012 年 8 月 29 日印发）[Z/OL]. [2016-03-09]. http://www.cngsda.net/art/2013/3/22/art_96_24246.html.

③ 数字档案馆建设理论与实践[M]. 上海：华东师范大学出版社，2007：107.

④ 数字档案馆系统测试办法[Z/OL]. [2016-03-09]. http://www.jxdaj.gov.cn/id_2c90819852209863015224 3478070ae5/news.shtml.

数据的对接。"由于当前信息化发展的标准化、规范化程度还比较低，各种办公系统、业务系统产生的电子档案，其系统类型、数据类型、设备类型种类多、差异大，如何保证档案馆信息系统能够接收所有立档单位的电子档案，并达到保持原貌、保证准确完整，是接收系统在设计开发时必须要重点解决的难题。"①在这方面，个人数字档案的在线接收可以利用数字档案馆在机关电子档案方面的已有探索与发明。比如国家档案局对数字档案馆的要求是"能接收文本、图像、音频、视频、数据库等不同类型数字档案"②，个人的数字档案也主要是这些类型。

2. 管理环节的可行性

《数字档案馆建设指南》中对管理的要求是：系统能够对所接收的各类数字档案信息进行整理、比对、分类、著录、挂接、鉴定、检索、统计等操作。系统应能：按照设定的分类方案，将数字档案存储到系统中，或根据管理要求进行适当调整；对档案内容进行抽取和添加元数据等操作，目前档案管理都是基于目录数据库挂接方式来实现，将来不排除使用新的技术方法对数字档案进行有效管理；对档案内容数据及其元数据等相关信息建立持久联系，形成长期保存档案数据包和利用数据包；定制档案业务流程或进行流程再造等。

按照这些内容，在数字档案馆中实现对个人数字档案的在线管理是可行的，只是在分类时要依据个人档案（主要是名人档案）的标准专门制定。抽取档案内容元数据时首先要确定个人档案中已包含所需的元数据，这其实还是进馆前的工作。另外，该系统还支持定制档案业务流程，因此理论上能够定制个人数字档案的业务流程。

3. 保存和利用环节的可行性

在保存方面，《数字档案馆建设指南》的要求是：系统能够实现对数字档案长久的安全保存，包括两方面的要求，一是长久保存策略的确定；二是存储架构选择。长久保存策略包括存储格式的选择，检测、备份和迁移等技术方法的采用等。在存储架构选择方面，应根据不同的档案数据量和管理目的采用不同的存储技术及相关设备。

在利用方面，《数字档案馆建设指南》的要求是：数字档案管理系统应当

① 《电子档案移交与接收办法》解读[EB/OL].[2016-03-09]. http://www.sdab.gov.cn/daj/ywzd/jgdagz/ywgf/webinfo/2015/02/1422256502584627.htm.
② 数字档案馆系统测试办法[Z/OL].[2016-03-09]. http://www.jxdaj.gov.cn/id_2c9081985220986301522434 78070ae5/news.shtml.

119

根据档案信息的利用需求和网络条件，分别通过公众网、政务网、局域网等建立利用窗口。系统应能实现档案查询、资源发布、信息共享、开发利用、工作交流、统计分析等功能。

这些规定也适用于个人数字档案，不难看出，经过前期采集和管理阶段的处理之后，档案数据包和利用数据包已经形成并稳定下来，因而，到了保存和利用阶段，只需将这些数据包进行保存或提供利用，无需再对不同的数据包进行分别处理。在长期保存方面，个人数字档案和机关电子档案所需的保存策略和存储技术是相通的，个人数字档案的保存可以利用机关电子档案保存的已有成果和经验。在利用方面，只要前期已把涉及隐私和知识产权问题处理好，将私密文件和非公共领域的个人文件限制访问，单就提供利用的技术而言，个人数字档案和机关电子档案是不需要进行区别对待的。

也就是说，对于个人数字档案与机关电子档案来说，数字档案馆所具备的各种功能中，保存和利用功能的运用是大致相同的；管理功能方面，个人数字档案和机关电子档案有不同的分类标准以及内容数据和元数据标准。二者最大的不同体现在采集功能上，采集前的鉴定工作（主要是电子文件的真实性、完整性、有效性的鉴定）需要对二者区别对待。

总之，将个人数字档案纳入数字档案馆是可行的，只是档案馆需要考虑采集进馆前，对个人数字档案有何要求，并采取措施使个人数字档案达到这些要求；另外采集进馆后，在线管理阶段，也需制定针对个人数字档案的分类方案等标准规范。下面的一小节将专门论述个人数字档案所需的这些特殊处理。

6.2.1.2 个人数字档案需要进行的特殊处理

如前所述，数字档案馆在处理机关电子档案和个人数字档案方面的不同主要体现在接收进馆前。

第一，在移交时间上，国家档案局出台的《电子档案移交与接收办法》规定，"档案移交单位一般自电子档案形成之日起 5 年内向同级国家综合档案馆移交"。该规定主要针对法定的必须移交档案的单位，在个人的情况中，由于其档案不在法定移交范围之内，而是通过捐赠或寄存等方式移交到档案馆，移交时间应由档案馆和个人充分协商决定。如果条件允许，档案馆可以争取让个人按照一定间隔时间定期向档案馆移交。不过传统上，个人的档案一般是在其即将离世或退休时移交。数字时代，档案馆仍可以沿袭这种传统，但考虑到数字档案容易流失或因软硬件过时不能被读取，档案馆将需要在移交之前就与个人保持联系，指导个人管理、保存好其数字档案。另外，档案馆还可以创造发明其他的移交策略，或者将几种策略相互组合。

总之，相对于机关电子档案等法定移交的档案，个人数字档案的移交时间可以更加灵活。毕竟，一段时期之内，档案馆能接收到的个人数字档案数量有限，因为达到接收标准(如名人标准)的个人本来就有限，个人一般需要到一定年龄才能有所成就、达到名人标准，更何况档案馆还要开展工作征得名人同意将其数字档案捐赠或寄存；另一方面，相对于机关单位，个人形成的数字档案数量也是有限的。而且，个人数字档案在移交手续方面也不如机关电子档案严格。这些都是个人数字档案可以选择灵活移交时间的现实条件。

第二，在移交前的检验工作中，个人数字档案需要满足的条件很难达到机关电子档案那般严格。机关电子文件一般首先归档到档案室，若干年后再移交到档案馆。在文件现行阶段，就需要"建立规范的制度和工作程序并结合相应的技术措施，从电子文件形成开始不间断地对有关处理操作进行管理登记，保证电子文件的产生、处理过程符合规范"，"采取可靠的安全防护技术措施，保证电子文件的真实性"，建立电子文件完整性和有效性管理制度并采取相应的技术保证措施。电子文件的处理和保存还应"符合国家的安全保密规定，针对自然灾害、病毒侵害、非法访问、非法操作等采取防范对策"①。归档前，文件形成单位要对电子文件的真实性、完整性和有效性进行检验，并由负责人签署审核意见。在向档案馆移交之前，国家综合档案馆也要对接收的电子档案数据的准确性②、完整性、可用性和安全性进行检验，合格后方可接收。

在个人的情况中，其档案真实性的保障不像机关电子档案那样复杂，因为个人档案一般由个人单独形成，不像机关电子档案那样有多人经手，而且个人的档案材料较少涉及他人的利益，没有行政问责方面的风险，较少出现被非法访问、非法操作的情况；在完整性方面，个人数字档案的背景信息和元数据也不如机关电子档案复杂。然而，即便如此，个人数字档案的真实性、完整性和有效性仍难以保障，因为个人经常忽视或者没有时间精力来整理和保管其文件，又没有规范的文件管理制度来约束，个人的计算机环境也没有类似机关电子文件管理系统的软件来辅助生成元数据或完成其他文件管理活动。这就造成档案馆接收到的个人数字档案中可能会出现历次修改的记录没有保留下来、背景信息和元数据不够完整或者数据无法被读取、甚至丢失或被误删的情况。

针对这种情况，相对于已有规范的文件管理制度和配套管理软件及其他技

---

① 电子文件归档与管理规范[S]. GB/T18894-2002.

② 准确性在这里主要是指档案的内容、范围的正确性及交接前后数据的一致性。

术措施的机关电子档案，档案馆在收集个人数字档案时更需要提前介入个人的档案生成活动，尽量争取个人配合，采取措施保证其数字档案的真实性、完整性和有效性。比如，档案馆可提前与个人建立联系并进行定期接触，指导个人采用档案馆推荐的软件和方法管理、保存其数字文件，促使个人生成尽可能多的元数据。只有进行提前干预，才能保证个人数字档案的真实、完整、可用和安全，同时也为后期的整理、著录、长期保存和提供利用等一系列操作提供方便。

第三，在个人数字档案的元数据实施方案上，档案馆需要专门研发针对不同类型的个人数字档案的元数据标准。在机关电子档案的情况中，国家档案局正在研制多种数据类型的电子档案元数据方案，以指明在电子文件形成及归档管理阶段，应留存哪些元数据元素项、在哪个环节留存、留存方式、系统如何实现和管理、与内容数据关联方式等，从而保证电子档案的完整性和有效性，方便电子档案的有效管理和长期保存。目前，国家档案局已发布文书类电子档案的元数据标准，主要针对图形、图像、音频、视频等类型，业务类电子档案的元数据标准还在研究制定中。

显然，这些元数据实施方案是为机关电子档案量身定做，不能移植到个人数字档案的形成与管理过程中。针对不同类型的个人数字档案，如字处理文档、照片、音频视频、电子邮件、网页、口述材料等，档案馆需要分别研制相应的元数据方案，指明需要留存哪些元数据元素项、留存方式等，以便在移交进馆前与个人的接触过程中向个人提出指导与要求。

第四，在移交方式上，国外的一些档案馆已经考虑并筹划将个人数字档案摄取到其数字档案馆，并对这项工作的可行性、需要解决的关键问题及解决方案进行了透彻的分析。尽管国内外数字档案馆所采用的技术、遵循的标准、面临的机关环境等有很大不同，但从原理上看，二者在纳入个人数字档案方面是类似的，因此，其相关分析对我国有很好的借鉴意义。

6.2.2 加拿大图书档案馆的经验分析

加拿大图书档案馆（Library and Archives Canada，LAC）的可信数字仓储（Trusted Digital Repository，TDR）是国外优秀的数字档案馆，这里介绍一下它在个人数字档案长期保存方面的计划。

6.2.2.1 LAC TDR 概况

2004 年 LAC 发起了一个持续多年的项目，旨在建立一个可信数字仓储，包括政策、措施和一系列技术工具和服务，来应对数字时代文献遗产的收集、管理和保存提出的挑战。①

2008 年 5 月 LAC 建成了 TDR 1.0，只针对法定缴存的部分电子出版物和文字类政府文件。2010 年 6 月建成了 TDR2.0，基本满足了 TDR 的关键要求。2010 年秋，正式发布 TDR3.0，全面支持所有电子出版物，完成整个数字保存框架。到 2010 年，LAC 已经完成了 TDR 的摄取、保存以及利用组件的构建。

此外，LAC 致力于采用合适的元数据标准，进一步完善 TDR 对不同类型数字资产的收集、存储、管理和提供利用功能，建立全加拿大范围内的 TDR 网络，并计划于 2017 年全面使用可信任数字仓储，在线/网络接收所有永久文件。更形象地说，LAC 要将其自身打造为一个作为分布式网络中的一个节点的 TDR，基于云技术、使用 Web 归档服务来维持真实、可靠和可信的信息。②

LAC 最初主要计划用 TDR 来保存加拿大政府的电子档案和电子出版物，目前，已准备扩展工作流程，纳入个人数字档案。LAC 认为私人档案对国家也具有重要意义，因而承诺将长期收集非政府实体生成的文献材料。

当前，LAC 有 14 个领域收集私人档案，包括社会档案、文学档案、测绘档案、邮票集等③。最近，这 14 个领域的档案工作者检查了它们所保管的档案全宗的情况，确定数字文件已成为新兴私人档案的关键元素。这些档案工作者意识到，就其所记录的社会活动而言，数字文件和纸质文件并没有太大差别，但是在形式上，二者之间有着质的不同，比如，原来是模拟材料，现在变成了原生的数字照片、手稿或建筑文件等。

下面这一部分将描述 LAC 如何实施和拓展其大规模的数字存档项目④，

① Armstrong P. Becoming a Trusted Digital Repository, Library and Archives Canada: Managing Information in the Public Sector, Meeting the Challenge[C/OL]// Ontario Information Management Conference. Toronto, Ontario, April 28, 2009. [2016-02-29]. www. verney. ca/opsim 2009/presentations/783. pdf.

② 徐拥军，张倩. 加拿大图书档案馆的数字保存策略——可信数字仓储[J]. 档案学研究，2014 (3)：90-96.

③ Library and Archives Canada, Private Archives Working Group. Final Report: Acquisition Priorities—Setting Priorities for Private Archives [R/OL]. [2016-02-29]. http://www. collectionscanada. gc. ca/modernization/012004-2055. 01-e. html#anc7.

④ Library and Archives Canada, Departmental Performance Report 2010-2011. [R/OL]. [2016-02-29]. http://publications. gc. ca/collections/collection_2011/collectionscanada/SB1-4-2011-eng. pdf.

鉴于该仓储是基于开放档案信息系统(Open Archival Information System，OAIS)参考模型建立的，首先简要介绍一下 OAIS。

6.2.2.2 OAIS 参考模型

OAIS 最初是由空间数据系统咨询委员会(Consultative Committee for Space Data Systems，简称 CCSDS)开发，目的是为了确保空间办事处数字信息的长期保存。之后，OAIS 参考模型成为许多档案机构数字行动的基础成分，2003 年成为 ISO 标准①。如图 6-1 所示 OAIS 模型明确了数字记录从以提交信息包(Sub Mission Information Package，简称 SIP)形式接收进数字存储环境开始，经过管理阶段的档案信息包(Archival Information Package，简称 AIP)，到为用户群体生成发布信息包(Dissemination Information Package，简称 DIP)之间应如何保存。这三个信息包及其相关元数据，与三个外部实体相连：个人或组织档案生成者(生产者)、目标用户群体(消费者)和承担 OAIS 管理和政策责任的个人与组织(管理者)。

作为参考模型，OAIS 被数字保存群体广泛认可为数字仓储的关键标准，其目标是尽量使背景中立②。然而，必须指出，OAIS 模型是概念参考架构，并不详细说明具体的执行，且它常以不同的形式被外界解读和纳入档案工作流③。本节下面一部分将介绍 OAIS 的摄取前及摄取后阶段如何处理数字记录。

6.2.2.3 摄取前阶段

在 LAC TDR 的背景下，电子档案被定义为数字对象及其相关元数据，其中，数字对象(如相对简单的字处理文件或更复杂的网页出版物文件)与其完

① Lee A C. Defining Digital Preservation Work：A Case Study of the Development of the Reference Model for an Open Archival Information System［D］. Ann Arbor, Michigan. University of Michigan. 2005：xxvi-xxvii; International Organization for Standardization. ISO 14721：2003, Space Data and Information Transfer Systems-Open Archival Information System-Reference Model［S/OL］.［2016-02-29］. http：//www. iso. org/iso/catalogue _ detail. htm? csnumber = 24683.

② Thomas S, et al. Paradigm：Workbook on Personal Digital Archives［Z/OL］. Oxford：Bodleian Library, 2007：3.［2016-02-29］. http：//www. paradigm. ac. uk/workbook/index. html.

③ Wilkes W, et al. Towards Support for Long-Term Digital Preservation in Product Lifecycle Management［J］. The International Journal of Digital Curation, 2011, 1 (6)：283-296.

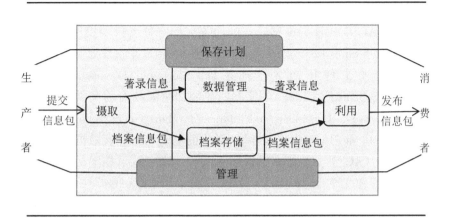

图 6-1　CCSDS-OAIS 功能实体 ①

整的元数据紧密联系在一起，包括移交进馆前档案形成者生成的元数据和移交进馆后记录档案管理工作的元数据②。档案形成者生成的元数据是 LAC TDR 摄取工作流的必不可少的一部分，因为该数据拥有关于数字对象形成背景的重要信息，档案机构可以借此了解数字对象之间的关系。此外，元数据还提供了其他方面的摄取前信息，比如，有关电子档案真实性的信息，对于验证电子档案的真实性来说非常重要，但是如果等到回过头来再去捕获就非常困难等③。简言之，元数据是重现档案形成背景(什么时候、谁、为了什么目的或为达到什么目标)的唯一方法④。

电子档案可以通过摄取通道如文件移交协议(File Transfer Protocol，简称 FTP)、简单对象存取协议(Simple Object Access Protocol，简称 SOAP)提交到

①　Consultative Committee for Space Data Systems. Reference Model for an Open Archival Information System (OAIS) Blue Book [Z/OL]. [2016-02-29]. http：//msa. maryland. gov/msa/intromsa/html/record_mgmt/pdf/oais_reference_model_2007. pdf.

②　Bak G，Armstrong P. Points of convergence：seamless long-term access to digital publications and archival records at Library and Archives Canada [J]. Archival Science，2008，8(4)：284-286.

③　同上，p. 287。LAC TDR 摄取的元数据要求来自 InterPARES 项目 1 的结论：真实性任务组，ISO 15489：2001(文件管理)和 ISO 23081：2006 (文件管理元数据)。

④　Nahuet R. The Management of Textual Digital Archives：A Canadian Perspective，Library and Archives Canada and Federal Government Institutions [J]. Atlanti，2007，17(1-2)：42.

LAC TDR，或者通过摄取代理，如针对元数据收割的开放档案动议(The Open
Archives Initiative Protocol for Metadata Harvesting，OAI-PMH)，从遵守 OAI 的
仓储检索。LAC TDR 计划根据正式的协议如档案处置权限控制系统(Records
Disposition Authorities Control System，RDACS)来摄取来自政府部门的档案，尤
其是来自电子文件和档案管理系统(Electronic Documents and Records
Management Systems，EDRMS)的档案，比如加拿大政府的文件、档案和信息
管理系统(Records，Documents and Information Management System，RDIMS)①。
然而，由于一个部门的 RDIMS 环境所形成的电子档案和元数据与另一个部门
的非常不同，LAC 建立了很多摄取前工具和标准来调节档案的形成，以方便
RDIMS 的内容向 TDR 移交。比如，LAC 执行了当地数字格式注册(Local Digital
Format Registry，LDFR)、档案管理元数据标准(Records Management Metadata
Standard，RMMS)、加拿大政府档案管理应用规范 (Government of Canada
Records Management Application Profile，GC RMAP) 和电子档案移交应用
(eRecord Transfer Application，eRTA)，以确保 TDR 摄取到适宜长期保存和持
久访问的格式。②

6.2.2.4　摄取后阶段

摄取之后，电子档案在 LAC TDR 的第一阶段——虚拟上传码头(Virtual
Loading Dock，VLD)中将经历一系列手动的和自动的操作。首先，档案会经过
查毒软件的扫描、元数据抽取工具的解析(这方面的工具如 JHOVE 和 DROID，
可确认和验证文件格式③)、checksum 算法的检验(为确保完整性)，最后合并
在提交信息包里(以 RDIMS 最初发布的文件分类为基础)。然后，将 JHOVE 抽

---

①　加拿大政府文件档案信息管理系统 RDIMS 是政府部门和办事处用来形成、管理和
处置电子档案的软件应用和网络平台，由加拿大公共事业和政府服务部管理。见 Smith J,
Armstrong P. Preserving the Digital Memory of the Government of Canada：Influence and
Collaboration with Records Creators[C/OL]//iPRES2009：the Sixth International Conference on
Preservation of Digital Objects. Mission Day Conference Center, San Francisco, California,
October 5-6, 2009. [2016-02-29]. www.cdlib.org/services/uc3/iPres/presentations/Smith
Armstrong.pdf.
②　2008 年，LAC 确认了将电子档案从 RDIMS 移交到 TDR 所需的核心的或最小的元
数据系列，该系列借鉴了"InterPARES 1 期项目：真实性任务组，ISO 15489：2001(文件管
理)和 ISO 23081：2006 (文件管理元数据)"的结论。
③　JHOVE 提供格式确认功能(数字对象是什么格式)和验证功能(数字对象打算采用
什么格式). DROID 进行同样的功能但是能处理更多格式。

取出的著录和技术元数据，按照元数据对象著录方案（Metadata Object Description Schema，MODS）和保存元数据执行策略（Preservation Metadata：Implementation Strategies，PREMIS）进行结构化，之后生成元数据编码和传播标准（Metadata Encoding and Transmission Standard，METS）清单，来核对提交信息包里的所有内容数据，提供有关电子档案在摄取阶段经历的所有过程的综合描述。METS 和 MODS 清单之后会被用于各个阶段的元数据传输。在此阶段，档案工作者可以预览虚拟上传码头中的进行过技术验证的提交信息包，还可进行著录元数据的添加。

提交信息包进入 TDR 的基础架构之后，其未经改动的数字对象的原版拷贝及其元数据可被固定为档案信息包（Archival Information Package，AIP），然后 AIP 会被分配一个独特的持久标识，如档案资源钥匙（Archival Resource Key，ARK），以便于在 TDR 仓储中对其定位和检索。之后，TDR 持续监测档案信息包，如发现文件格式过时，则进行迁移。所有这些保存活动都被记录在 METS 清单里，保存在档案信息包内。

最后，由原始形成者生成并经过档案工作者添加的、在 TDR 处理和存储过程中不断积累的档案元数据可以进入著录元数据管理和资源访问系统 MIKAN①。一旦在 MIKAN 中著录，用户就可通过 LAC 在线界面搜索处理过的电子档案，并提交个人请求；作为响应，TDR 生成并输出发布信息包（Dissemination Information Package，DIP）。另外，分配给档案信息包内每条电子文件的档案资源钥匙能够确保 LAC TDR（保存）和 MIKAN（访问）之间保持稳定的联系。

6.2.2.5　将个人数字档案纳入 LAC TDR 的可行性分析

加拿大已有学者分析了 LAC TDR 的原理，并就其纳入个人数字档案的可行性提出了看法，在此可以借鉴其观点。该学者认为，摄取之后，政府电子档案和个人数字档案在 LAC TDR 内被保存和提供访问的方法基本没有太大区别。或者说，来自个人捐赠者的提交信息包和来自加拿大政府办公室的提交信息包要经历同样的抽取、技术验证、迁移和分发程序。而且，与政府档案信息包一样，TDR 也要对个人档案信息包的保存进行监督，个人档案信息包和政府档

---

① LAC 通过 AMICUS 公共搜索工具提供对其数字材料的访问，AMICUS 原义为顾问，这里被用作一个搜索工具的名称。

案信息包都将受益于该仓储对长期保存和提供访问的承诺①。

然而，该学者还指出，个人和政府档案形成者在摄取前环境中存在很大的区别。比如，电子文件和档案管理系统、加拿大政府档案管理应用规范（用来统一档案和元数据的格式）和政府部门的档案人员，即 LAC TDR 的前端，不会出现在个人的计算机环境，因此个人数字档案不可能满足 TDR 摄取所必需的最低核心元数据要求。况且，在档案分类计划、档案命名习惯和档案处置权限控制系统之外遵守 LAC 认可的元数据应用规范对个人档案形成者来说是不可能的，除非档案工作者在档案形成之初就确认并接触到了这些人②。也就是说，该学者认为，要将个人数字档案纳入 LAC TDR，档案工作者需要在将个人数字档案接收进馆前就与个人保持联系，指导其文件形成和管理活动，与本书前面提出的提前干预方法相同。

6.2.3 评价与启示

LAC TDR 对数字档案进行管理的一个关键环节在于摄取前的元数据生成活动。比如加拿大政府的文件档案信息管理系统允许用户给邮件、讲话稿、电子表格等添加元数据，也允许用户记录多种数字文件及其相关功能之间的关系。这种摄取前活动将档案工作者需要追溯完成的整理著录工作量降至最低，因为档案形成者分担了一大部分。不幸的是，这种好处在个人档案形成者那里就没有了，因为对于个人来说，生成这些信息可能负担太重。

另外，在数字档案真实性的保障方面，从政府部门移交可靠的电子档案很大程度上依赖于文件管理者和档案工作者的帮助，一些相关的政策和标准也有助于真实性的保障。然而，这些也都是个人数字文件的形成和管理环境中所没有的。

因此，LAC 将个人形成的数字档案纳入 TDR 工作流，必须要提前做好的工作就是研究决定什么水平的元数据粒度对个人数字档案来说是合适的，期望个人生成什么程度的元数据③。并且，在做好决定之后，与个人建立联系，指导其文件形成和管理活动，确保这些元数据的要求能够得到落实。

---

① Bass L J. Getting Personal：Confronting the Challenges of Archiving Personal Records in the Digital Age［D］. Winnipeg，Manitoba. University of Manitoba. 2012：101-102.

② 个人领域与档案处置权限控制系统最接近的可能是 LAC 和个人间的捐赠或寄存协议。

③ Bass L J. Getting Personal：Confronting the Challenges of Archiving Personal Records in the Digital Age［D］. Winnipeg，Manitoba. University of Manitoba. 2012：103-104.

这种结论同样也适用于我国数字档案馆的个人数字档案收集、保管和提供利用工作，研制个人数字档案的元数据标准，并提前联系个人保证落实。另外，除了这种大型的可信数字仓储，国外还有一些机构是基于 DSpace 或 Fedora 建立的数字仓储，并以此仓储为基础开展个人数字文件的摄取、管理、保存和提供利用工作，比如英国 Paradigm 项目中的各大学图书馆。我国的一些高校图书馆、档案馆可以借鉴这种数字仓储的经验。

6.3 依托管理软件的路径

除了依托数字仓储对个人数字档案进行管理之外，个人数字档案的管理还可以通过一些管理软件来实现(但在存储时还需要另有存储架构，或者存储在外部硬盘驱动上等。在提供利用时，也要把处理好的数据上传到单独的在线访问仓储中，也就是说，这里的管理是狭义上的管理，不包括保存和提供利用)。这种管理软件比较适合中小型机构。下文就以 Archivematica 软件为例分析这种路径的实现方法。

6.3.1 工作原理分析

加拿大技术服务提供商 Artefactual Systems Inc. 开发的 Archivematica 是一个遵守 OAIS 的综合数字保存系统，它用微服务的形式提供了一套开源工具，档案工作者可通过它来对数字对象进行处理①。Archivematica 可借由虚拟化软件如 VirtualBox 或 VMware 安装在任何个人电脑操作系统上，并与个人电脑的文件系统同步，以生成一个可管理的保存环境，它能处理当前许多的文件格式②。Archivematica 可以和 Paradigm 项目提出的收集方案结合起来使用，按照这些方案收集到个人数字文件之后，用 Archivematic 来对其进行下一步处理，以便长期保存。

6.3.2 管理过程分析

在摄取之前，Archivematica 需要借由人力获取数字对象并提交到系统环

---

① 本部分材料来自 Archivematica 项目的 wiki 站点，http：//archivematica.org/wiki/index.php? title＝Main_Page.

② 目前，Archivematica 能摄取多种格式文件，包括音频、视频、E-mail、光栅和矢量图、纯文本、PDF、演示文稿、电子表格和字处理文件等 50 多种。

境，也就是需要档案工作者将收集到的个人数字文件上传到系统。摄取时，Archivematica 不要求数字对象满足任何元数据标准，不过，任何由形成者生成的技术、内容和保存元数据，都可以和数字对象一起摄取，档案工作者也可进行补充。

摄取之后，提交信息包要经过 6 个区域，由一系列独立的微服务进行处理。在第一阶段，系统对数字对象文件夹进行格式化，以满足提交信息包的要求，为所有对象出具一个 checksum，并生成处理日志和元数据子目录以记载处理过程和处理过程中累积的元数据①。

然后，将结构化的提交信息包手动移动到"接收提交信息包"阶段，之后正式出现在档案工作者用来监督和控制微服务系列的基于 web 的控制面板中②。接下来，系统提示档案工作者鉴定提交信息包的内容，并批准它进入隔离阶段，在这里，系统会按照设定的扫描时长对其进行查毒③。

通过病毒检查后，系统再次提醒档案工作者，将提交信息包移交到下一步微服务，包括为压缩文件解压，进行文件和目录名审查(去除被禁止的单词)，运用文件信息工具集(File Information Tool Set，FITS)④确认和验证文件格式、抽取技术元数据，然后将这些元数据添加到提交信息包内的 PREMIS⑤ 清单中。

在第三个关卡，Archivematica 需要档案工作者批准提交信息包的保存。在该阶段，系统对提交信息包内的数字对象进行标准化，即自动生成保存和访问副本，并将它们和原始的文件放在一起。然后，数字对象及其元数据、系统处理日志被重新打包为档案信息包，并用 METS⑥ 进行核对以方便移交⑦。

最后，档案工作者批准将发布信息包上传到在线访问仓储，并批准将档案

---

① 元数据子目录中包括一个空白的 Dublin Core XML 模板，档案工作者可手动填充，还有一个提交记录文件夹，内含捐赠者协议或接收信息。

② 在此阶段，Archivematica 生成提交信息包备份文件夹，并分配永久标识 PIDs. 数字对象会通过 40 个微服务，其中一个微服务的输出会发起下一个微服务的输入。

③ Archivematica 是典型的在线应用，即其杀毒工具经常随着病毒含义的改变而更新。如果提交信息包没有通过病毒检查，就会被下放到隔离目录。

④ FITS 是哈佛大学图书馆信息系统办公室制作的。这一系列的工具包括 JHOVE，新西兰国家图书馆的元数据抽取器 Metadata Extractor，DROID 等。

⑤ 指 Preservation Metadata：Implementation Strategies，保存元数据执行策略。

⑥ 指 Metadata Encoding and Transmission Standard，元数据编码和传播标准。

⑦ 使用美国国会图书馆 BagIT 格式来压缩档案信息包的内容。

信息包移交到有多种可选的数字存储位置的界面①，包括存储在档案工作者个人电脑的硬盘驱动器中、网络硬盘驱动器中、外部硬盘驱动器中及 Fedora 数字仓储中等，甚至扩展到了云存储。

6.3.3 评价与启示

对于缺乏技术和资金来开展或参与大型的综合的数字保存项目的机构，基于 OAIS 的 Archivematica 装置可谓实施个人数字档案管理的极为务实的方法。况且，作为一种高度可扩展的应用，Archivematica 既可以在小型的计算机环境中以可启动的 USB 钥匙方式运行，又可以在虚拟或裸机安装过程中进行定制，以连接到大学环境中已有的数字保存架构(这样，已处理好的数据就可保存在大学的仓储中了)。

Archivematica 项目对档案形成者所生成的元数据没有任何要求，并且还能保存多种格式的文件并将其标准化。事实上，标准化是 Archivematica 首要的保存策略。通过标准化，各种文件(录音、录像、电邮等)都能被转换成适合长期保存的特定格式，并根据呈现该格式的软件的流行程度，转换成特定的访问格式。而且，Archivematic 的标准化遵守开源原则，使用非专用的工具来完成格式转换②。其实，档案工作者可以使用个人的标准化工具手动完成文件格式的转换，但 Archivematica 将这些过程全部自动化了，档案工作者只需在标准化失败时或缺少默认的标准化工具时进行干预。从本质上讲，Archivematica 是通过高度自动化的和严密的微服务架构，降低了有效处理当前文件格式的难度，从而方便了个人数字档案的创建。③

总之，Archivematica 的突出优点是对文件的元数据及其格式都没有硬性的要求，而是由档案工作者添加元数据，并能对多种文件格式进行标准化，也就是说，其对档案形成者没有特别的要求，因此该软件非常适合管理个人环境中形成的数字档案。此外，Archivematica 是基于微服务的形式，小而简单，易于通过灵活配置实现复杂的功能，因而非常适用于中小型的档案机构。有学者指出，虽然微服务的概念在数字资源长期保存领域刚刚兴起，但在不久的将来，

---

① 系统在上传到在线访问仓储和移交到存储界面时，需要修改 Archivematica 终端的 python 编程语言脚本。

② 比如，录音文件的格式如 AC3，AIFF 和 WMV 被转换成 WAV 保存格式及 MP3 访问格式。用来完成这项标准化的工具是开源的 FFMPEG 多媒介转换工具。

③ Bass J L. Getting personal：confronting the challenges of archiving personal records in the digital age［D］. University of Winnipeg，2012：119.

随着微服务的灵活性、可扩展性以及对用户需求和外部环境的高度适应性等优势的慢慢体现，必将对数字资源长期保存产生重大影响①。

在管理软件方面，我国也有部分档案馆进行了开发，比如杭州市萧山区档案馆已开发出一款家庭数码照片档案管理系统，方便档案工作者对家庭数码照片进行批量自动化处理，如采集、统计、检索、目录打印，此外还可对照片数据进行备份；武汉大学档案馆正在开发一款名人档案管理系统，具有全文和图片导入导出、著录(录入案卷级和文件级信息)、匹配档号、分类、查询、打印、统计等功能，另外还能导入已有的 excel 电子目录数据等。然而，相比 Archivematica，这些软件的功能较为简单，尤其是在文件格式的标准化处理上以及可扩展性能上比较欠缺。因而，我国的中小型档案馆在管理个人数字档案时可以考虑引进 archivematica 这款开源软件，当然首先需要解决其本地化的问题，或者档案馆可以借鉴这款软件的设计理念，改进已有的管理软件或开发适合本馆的管理软件。

6.4 与其他机构合作的路径

最后一种方法就是档案馆与其他机构合作的路径。有些档案馆收集到名人数字档案不齐全，有些没有自己的存储架构，还有些档案馆没有在线访问仓储，这些情况下档案馆都可以和其他机构合作，实现资源共享、优势互补。对于资金、人力都不太充足的档案馆来说，这种路径尤为值得一试，通过与其他机构的合作，档案馆能够以较少的投入达到满意的结果，以下仅举几例进行说明。

首先，在保存和提供利用方面，美国德克萨斯州立大学的 Harry Ransom 人文研究中心接收了作家、剧作家等名人的数字手稿，经过处理之后该人文研究中心将这些手稿寄存在了该大学的信息学院的数字仓储(基于开源软件 Dspace 而开发)，由该数字仓储对这些数字手稿进行维护并通过网络提供利用。这种方法节省了自身开发数字仓储所需的大量资金，同时又能确保数字资源的长久保存。对于一些资金不足并且所要存储的资源量不是很大的机构来说，自身开发一个数字仓储不太划算，因而借用其他机构的数字仓储不失为一个明智的选择。

---

① 马海收，吴振新. 微服务在数字资源长期保存系统中的应用研究[J]. 图书馆学研究，2011(18)：45-51.

第二个例子就是前文介绍过的武汉大学档案馆和武汉大学图书馆的合作，二者共同开发了武汉大学名师库，在线展示武汉大学建校以来各位名师的风采。其中武汉大学档案馆依靠其手稿资源的优势向名师库提供了非常珍贵的名师手稿；而武汉大学图书馆则依靠其数据库资源的优势提供了名师专著、论文的电子版全文链接；另外名师库的在线展示平台也是依托武汉大学图书馆的网站，即通过武汉大学的在线访问仓储提供访问。就其实质而言，这二者的合作并未涉及数字资源的保存，但却在提供利用方面探索出了独具特色的经验：一方面，二者实现了资源共享，就名人档案资源的整合来说，将档案馆的手稿和图书馆的著作、论文整合到一起是非常好的解决方案；另一方面，在提供利用方面，二者的合作解决了对于档案馆来说一直比较棘手的著作权问题，即通过图书馆合法购买的数据库向馆内用户提供利用，不会造成侵权。通过名师库这个平台，档案馆能让更多的馆藏资源为大众所知所用，达到励志育人、辅助研究的目的，同时也能提高档案馆的名气。

最后，除了保存、提供利用中所涉及的硬件上的合作，档案馆在管理个人数字档案的过程中还可以与其他机构进行知识上的共享。比如，前面提到的德克萨斯州立大学人文研究中心在处理名人数字手稿时指出：处理过时的文件格式、受密码保护的文件以及大量的文件，如果没有专门的技术知识就会非常费时费力。所幸本项目不是第一个面临这些挑战，美国的总统电子文件项目（1999 年由 NARA 资助）也遇到过过时的文件格式和受密码保护的文件的问题，此外还有康奈尔大学图书馆的 DSpace 项目（指导 Dspace 管理员进行在线批量摄取，来保存论文和学位论文）、女王大学的 QSpace 批量上传项目（包括如何准备都柏林核心元数据）以及 Michel Joyce 数字手稿保存项目（2005 年由德克萨斯州立大学人文研究中心实施）等，其经验都可用来参考①。

档案工作者处理数字形式的个人文件时，面临着复杂的文件形成技术环境问题。Tom Hyry 和 Rachel Onuf 曾指出，与机构环境不同，个人环境中使用了许多不同的计算机操作系统和软件，不存在标准或普遍的格式②。档案工作者要处理的是多种多样的数字手稿。

因而，档案机构之间十分有必要分享关于不同类型数字手稿的处理经验，

---

① Kim S, Dong L A, Durden M. Automated Batch Archival Processing: Preserving Arnold Wesker's Digital Manuscripts [J]. Archival Issues, 2006, 30(2): 91-106.

② Hyry T, Onuf R. The personality of electronic records: the impact of new information technology on personal papers [J]. Archival Issues, 1997: 37-44.

以此来决定适合每个独特的数字全宗的保存方法，为不同类型个人数字档案的处理建立一个集中的信息池是至关重要的。在这方面，已有的实践成果有2009年澳大利亚国家图书馆开发的面向物理媒介(如磁盘光盘)上数字材料的保存的知识共享工具，即 Mediapedia 。它是基于网络的资源平台，社区成员可在上面记录、保存并分享关于各种类型媒介及其处理方法的知识，是一个知识分享和团队协作的工具。澳大利亚图书馆通过该平台鉴别各种类型的物理媒介，为之后的收集及保存工作做准备。

我国的档案馆在个人数字档案的管理实践中也可以学习这些机构合作的经验，尤其是资金、技术和经验上比较匮乏的档案馆，可以通过与其他机构的合作，获得数字资源保存的空间和提供利用的平台，并且通过与其他机构的知识共享，弥补技术知识和经验上的不足。在个人数字档案的管理方面，作为一种新兴的实践领域，档案馆都会经历一个探索阶段，而知识共享可以方便档案馆间互通有无，避免重复劳动或重蹈覆辙。鉴于此，我国的档案馆也可以尝试建立一个集中的信息池，互相提供各种类型数字对象的处理方法，达到合作共赢的目的。

6.5　小结

本部分针对第3部分提出的档案馆对进馆后个人数字档案的管理上的问题提出了对策。档案馆目前对个人数字档案的管理方法简单原始，急需改进，然而鉴于各个档案馆信息化的水平不同，即个人数字档案管理的起点和条件不同，不能对各个档案馆的管理方法强求一致，只能根据各个馆的情况因地制宜，有针对性地提出对策。

在此原则下，本部分共提供了四种开展个人数字档案管理的路径。第一种是针对尚未全面开展个人数字文件收集的、馆藏中只有少量存储在物理媒介(光盘、磁盘等)上的个人数字档案的档案馆。这些档案馆可以从这些物理媒介上的个人数字档案着手，开展对其检测、数据恢复、迁移、格式转换、整理等一系列保管工作，确保这些数字档案的长期保存和提供利用。第二种是针对已建成数字仓储(如数字档案馆)的档案馆。这些档案馆可以探索如何将个人数字档案纳入其数字仓储进行管理，论证了其可行性并提供了加拿大图书档案馆对这一问题的思考，该馆已建成了一个大型的可信数字仓储，是一个非常优秀的数字档案馆，目前该馆已开始考虑将个人数字档案纳入该数字仓储。第三种是针对没有足够的资金和人力、也没有建成数字仓储的中小型档案馆。这些档案馆可以应用一些不需要太多花费的管理软件来实现对个人数字档案的管理，但是这里的管理指的只是对收集到的数字文件进行处理，以方便长期保存，真正的保存还需借用外部的存储空间，如外部存储设备、云存储、其他机构的数字仓储等。第四种是与其他机构合作的路径。档案馆可以在保存和提供利用方面与其他机构合作，借用其他机构的存储架构、在线访问存储等。另外，在有关个人数字档案管理的知识方面，也需要与其他机构共享，档案馆可以和其他机构共建一个信息分享的平台，方便交流、分享和团队协作。

需要指出的是，这四种路径并不是全部都截然分开、互相排斥的，档案馆可以同时采用两种或三种路径，结合起来开展个人数字档案的管理工作，比如在采取依托数字仓储或者依托管理软件的路径之外，档案馆可以同时开展对物理媒介上个人数字档案的保管工作。另外，与其他机构合作的路径也可以和其他任何一个路径结合起来使用。

7 教育和指导公众
——档案馆保存个人数字文件的新思路

针对第 3 部分问题分析中提出的最后一个问题，即档案馆较少面向公众开展数字文件保存方面的教育指导活动的问题，本部分结合目前国际档案工作的潮流分析了档案馆这种教育指导活动的背景、含义、现实基础和意义，并用两个实例分析了教育指导的具体做法，目的就是为档案馆保存个人数字文件提供一种新思路。

7.1 档案工作向社会/社区范式的转变

本书提出的档案馆对公众的教育指导不是凭空设想的对策，而是有其深刻的历史背景。具体来说，有关档案馆对公众的教育指导的建议是在国际档案工作范式转变的背景下提出的，这一建议是符合国际潮流和趋势的。这里的国际档案工作范式的转变是指：近年来，西方档案界正在形成一种新的档案工作范式，在这种范式下，档案工作者所担任的社会角色有所转变，不仅收集保管各种形成者的档案，还承担起"辅导员"的义务，教育指导公众管理其个人文件（主要是个人数字文件），与社会或社区共建共享档案。国外有学者将此种工作范式精要地总结为"社会/社区范式"，下文就具体分析一下这一范式的提出背景及其含义。

7.1.1 范式提出的背景

社会/社区范式提出的背景一方面是本书开头所指出的"个人数字文件的大量产生"；另一方面，该范式的提出者还尤其注意到了这些个人借由网络所构成的虚拟社会/社区，这一社会/社区已与真实社会/社区并立，对档案工作带来了很大影响。具体来说，随着社交媒体及智能手机等技术的发展，人们通过网络的联系越来越多，互动越来越频繁，因而逐渐形成了一个数字化网络世界。第 17 届国际档案大会上，美国国家档案馆馆长在题为"社交媒体世界中的档案"的发言中指出，到 2012 年，美国会有 75% 的人使用社交媒体；我国互联网信息中心（CNNIC）2016 年发布的第 37 次中国互联网统计报告指出，2014—2015 年我国社交应用的用户规模已达 5.3 亿，网民使用率 77%①；2016 年的第 18 届国际档案大会上，全球移动通讯协会 GSMA 首席战略官 Hyunmi Yang 指出，"如今全球拥有手机的个人约有 47 亿，其中有 32 亿人使用了移动网络。"②。社交媒体技术、智能手机技术等对社会各方面的影响已不容忽视，尤其是它们所促生的虚拟社会/社区形成了持续增长的海量信息，这些给档案工作形成了新的挑战（档案工作者需要考虑这些海量信息如何保存，传统的档案保存方式是否继续可行），同时也赋予了档案工作转型的新契机（比如，可以基于这种社会/社区进行管理）。

7.1.2 范式的提出及其内涵的深化

2011 年 6 月 2 日，加拿大曼尼托巴大学档案学教授特里·库克先生在中国国家档案局和中国档案学会联合举办的学术报告会上做了题为"四个范式：欧洲档案学的观念和战略的变化——1840 年以来西方档案观念与战略的变化"的演讲，提出了档案工作的第四个范式，即社会/社区范式：参与式档案及辅导员型的档案工作者。这一工作范式的提出就是对上述档案工作所面临的的挑战的一种积极回应。

库克在报告中指出，一些档案名家正呼吁档案工作者放弃专家、控制及权力的咒语，转向与社会/社区（既包括城市和乡村中的真实社会/社区，也包括网络空间中由社交媒体连接起来的虚拟社会/社区）一道共建共享档案 ③。这样做的理由是："这个世界有太多的证据、太多的记忆，现有档案馆能够收集的仅仅是它们的一小部分。利用网络，每个人都在建立在线档案。在这个新的数字世界，职业档案工作者应该成为辅导员、宣传员及教练，鼓励社会参与建档，而没有必要把所有的档案产品收集到我们的档案馆。"

---

① CNNIC 第 37 次中国互联网统计报告［EB/OL］.［2016-03-08］. http：//tech. sina. com. cn/chart/20160122/095043. shtml.

② Archives, Harmony and Friendship：Ensuring cultural sensitivity, justice and cooperation in a globalised world——Abstracts and Biographies［EB/OL］.［2016-10-02］. http：//www. ica. org/sites/default/files/ICA% 202016% 20Abstracts% 26biographies% 20ENG% 20v3%20print. pdf.

③ 特里·库克，李音. 四个范式：欧洲档案学的观念和战略的变化——1840 年以来西方档案观念与战略的变化［J］. 档案学研究，2011（3）：81-87.

　　库克还指出这种档案工作模式的一个重要的意义在于，它将会打破档案馆中的档案主要反映主流记忆而忽视边缘群体的传统，使档案工作能保存全社会的整体记忆，"社会/社区成员在职业档案人员的帮助下，关心其自身的文件，将有助于冲破主流与边缘之间的障碍，把现在及过去的所谓主要的和次要的叙事整合在一起，在数字网络化世界承认这些叙事的相互依存"。库克最后还向所有的档案工作者提出了一个新的期许："档案工作者如何推动这个世界的到来，同时仍然保持住自己的身份？"

　　2014年，我国学者在此基础上提出了参与式的档案管理模式，进一步深化了社会/社区范式的内涵。该学者认为，由社交媒体构建的虚拟网络社区逐渐形成规模，真实社会与虚拟社区并立，从而对新时期的档案管理提出了新的要求。这种社交媒体环境催生了参与式的档案管理模式，即：一方面，专业档案工作者要基于适应社交媒体环境的专业的档案管理标准与制度体系，从全社会的角度管理各种机构的档案及个人所形成的部分档案；另一方面，个人要基于社会网络，在专业档案工作者或其他机构的指导和推动下，依托自建平台或其他机构如档案机构、商业机构、学术机构提供的平台与技术，主动参与个人所形成的档案的管理，并发挥主观能动性，完善对档案的管理"①。简言之，这种参与式管理模式就是一方面强调档案馆要从全社会的角度出发管理档案，另一方面又注重个人的参与，这其实就是社会/社区范式的精髓。

7.2　档案馆教育指导公众的现实基础及意义分析

　　本部分所提出的档案馆保存个人数字文件的方法就是基于这种社会/社区范式的理念。具体是指，在数字时代，档案工作者要注重社会公众形成的档案，但是将其全部接收到档案馆保管又不现实，因而只能通过教育指导的方式，一方面向公众宣传存档的重要性，争取公众的积极参与；另一方面提供存档的工具和方法，借用公众的力量，与公众一起保存社会记忆。简言之，这种方法就是要通过对公众进行教育指导的方式来达到个人数字文件保存的目的。这种教育指导的实现途径有在档案馆网站上提供专题指导、深入社区宣传家庭建档、举办个人存档日活动等等。

　　档案馆对公众的教育指导是有现实基础的。美国档案学者 Richard J. Cox

---

　　①　周文泓. 社交媒体环境中的参与式档案管理模式探析[J]. 图书情报工作，2014，58(15)：116-122.

在其著作 *Personal archives and a new archival calling：readings，reflections and ruminations* 中通过分析个人的心理和动机，指出个人对那些无意间被其弃置的文件其实是很感兴趣的，只是由于疏忽或缺乏存档知识和技巧等未能将其妥善保管。数字技术的出现加重了这一状况，人们大量使用一些数字设备，但却不知如何保存这些设备上形成的数字文件。这就为档案工作者的教育指导提供了现实基础，个人需要档案工作者的帮助。

以家庭建档为例，在档案馆众多面向社会的活动中，向家庭宣传建档是最能吸发民众兴趣的活动之一。除了这些活动会采取图片展览的形式，比较生动形象等原因之外，个人对其平时疏于管理的文件的兴趣以及建档知识和技巧的缺乏也是重要的原因。更何况，这些教育指导的活动还能为公众带来一些意料之外的收获：首先，将家庭档案以简易可行的方式分门别类整理，作为家庭整理活动的一种，其显而易见的结果就是家庭整洁、空间变大；第二，将家庭成员的成就整理归档，陈列展览，有助于形成家族荣誉感和凝聚力，打造家庭文化，不断激励家人发展进步；第三，整理的过程穿插着回忆，伴随着谅解，能够加深亲情，治愈创伤。也就是说，档案馆指导家庭建档能切切实实惠及千万家庭，因此这种活动将会受到公众的欢迎，有其开展的现实基础。

最后，Cox 还指出，从另一方面来看，教育指导公众对档案馆也有益处，因为与公众的合作是其接近公众、融入社会的重要契机，能够扩大档案馆的知名度。教育指导方法为公众和档案馆带来的这种双重利益就是其自身的意义所在。

7.3 实例分析

7.3.1 美国国会图书馆的个人数字存档项目

美国国会图书馆的 Mike Ashenfelder 指出，"当今社会，几乎所有人，不管年轻的还是年老的，都有一些数字文件要保存，其中最常见的就是数码照片。人们需要知道：除非采取一些保护措施，其数字材料很有可能面临着丢失的风险。"①鉴于此，美国国会图书馆决定通过与其他公共图书馆及地方机构合作，

---

① Ashenfelder M. The Library of Congress and Personal Digital Archiving [M]//Hawkins. T D. Personal Archiving：Preserving Our Digital Heritage. New Jersey：Information Today，2013：31-45.

教育公众保管其个人数字档案。

事实上，美国国会图书馆从 20 世纪 90 年代中期的"美国记忆"项目起就已开始研究数字保存，但这方面工作的真正开展是在 2000 年。当年，国会图书馆促成了"国家数字信息基础架构和保存项目"（NDIIPP），旨在促进政府、文化机构及其他利益方在数字保存方面的研究与合作。

2008 年，国会图书馆开始留意到许多个人也累积了大量的数字文件（主要是数码照片，得益于数码相机和智能手机的普及），但却不知道如何妥善保存。甚至很多人都没有意识到其数字文件面临的潜在威胁：存储媒介过时、丢失、意外删除等。为改善这种状况，国会图书馆就开发了一些信息资料来提高公众保存个人数字文件的意识。图书馆在教育指导公众方面所采取的措施主要包括以下两方面：网络在线指导、举办或参与活动。

7.3.1.1 网络在线指导

1. 国会图书馆网站

为向地方图书馆和公众宣传个人数字文件保存方面的信息，国会图书馆在其数字保存网站上开设了个人数字存档专题，提供操作指导视频、宣传册（可免费下载）和对各种问题的解答①。

网站上指导保存的是一些最常见的数字文件，包括视频、音频、照片、E-mail、字处理文档和网页（国会图书馆认为它们中的大多数都可按同样的方式保存：整理、备份、每 5~7 年迁移到新媒介）。鉴于有些概念很难解释，该网站还提供了入门知识介绍，如有关扫描、存储媒介的寿命、E-mail 如何存档等方面的介绍。

网站提供的视频简明扼要地介绍了如何保存数码照片及如何添加著录信息。其中的访谈视频提供了一些顶级 IT 专家的技术指导，如怎样从 DVD 上提取视频（这里指的是没有版权限制的视频）。

为了方便公众理解，网站尽量避免使用专业词汇，像元数据（metadata）、文件格式（file formats）、数据（data）等，而用一些通俗用语代替，比如用描述（description）代替元数据（metadata）。

2. 社交媒介网站

为了宣传国会图书馆网站上有关个人数字存档的内容，图书馆还将个人数字文件保存的信息发布到 Facebook（www.facebook.com/digitalpreservation）、

---

① 网址是 http：//www.digitalpreservation.gov/personalarchiving/。

Twitter(@ NDIIPP)和博客(blogs. loc. gov/digital preservation)中。

此外，有关个人数字存档的视频也被上传到 YouTube 和 iTunes 中的国会图书馆频道(bit. ly/11T9ONf)。

7.3.1.2 举办或参与活动

1. 个人存档日(Personal Archiving Day)

国会图书馆每年都会在馆举办个人存档日，由图书馆的战略行动办公室(Office of Strategic Initiatives)和图书馆服务部门(Library Services)共同举办，是个人数字存档项目的主体活动之一①。公众可免费参加，向图书馆员咨询有关数字和实体档案保存的问题。

比如，2010 年 5 月 10 日图书馆举办了第一个个人存档日，多个图书馆部门参与了此次活动，包括国家数字信息资源保存项目组，信息技术服务组，保护指挥部，图片与照片组，电影、广播与唱片组等。参加此次活动的公众约有200 人。通过讲座或一对一交谈的方式，国会图书馆向其提供了个人数字资料保存方面的专业的、实用的建议。②

2011 年 4 月 30 日，美国国会图书馆邀请到了实体和数字信息资源长期保存机构的专业人员来参与第二个个人存档日。活动一共接待了大约 150 人。其间，工作人员一方面展示了一些传统的存储媒介和计算机技术，让人们意识到个人数据保存的重要性；另一方面向公众提供了有价值的存档方法，并开展交流和讨论。③

2. 全国保存周(Preservation Week)

全国保存周是由美国国会图书馆、美国图书馆协会(ALA)、美国博物馆和图书馆服务协会及其合作伙伴共同主办的。其相关活动都是通过网络进行，比如举办网络研讨会(在线会议，包括各个机构间的和面向公众的)、在网站上进行专题介绍等。通过协力合作，图书馆和其他收藏机构可以相互交流、共同宣传，推动对社会事件、活动、资料、资源等进行的保护，并呼吁更多的公众参与到个人数字存档的活动中来。与此相关的国家数字信息基础架构与保存

---

① Pass It On：Personal Archiving Day at the Library of Congress on May 10 ［EB/OL］. ［2016-03-08］. http：//www. loc. gov/today/pr/2010/10-079. html.

② Personal Archiving Day at the Library of Congress ［EB/OL］. ［2016-03-08］. http：//www. digitalpreservation. gov/news/2010/20100519news_article_personal_archiving_day. html.

③ Personal Archiving Day：a Hit ［EB/OL］. ［2016-03-08］. http：//www. digital-preservation. gov/news/2011/20110505_news_PAD2011. html.

项目 NDIIPP 更是非常注重其网站中新建的个人数字存档这一板块。

2010 年 5 月 9 日到 5 月 15 日是第一个全国保存周,之后这些机构又于 2012 年 4 月 23 日到 4 月 28 日举办了第二次,2015 年的保护周举办于 4 月 28 日至 6 月 22 日。作为配合个人存档日的活动,全国保护周更强调的是从官方部门的角度出发,为个人数字存档提供良好的条件和基础:一是建立一个平台,方便各机构间的合作交流以及向公众宣传指导个人数字资料的保存;二是向各机构以及个人提供一些工具,如向机构提供的举办相关活动的参考资料《活动工具包(Event Toolkit)》,向个人提供的保存其数字文件的参考资料《为后代保存数字照片的简单步骤(Simple Steps for Preserving your Digital Photos for Future Generations)》《如何将磁带、DVD 或摄像机中的视频上传到你的电脑(How to Transfer Video from Tape, DVD or Camera to Your Computer)》,等等。①

3. 国家图书节

参加一年一度的国家图书节(National Book Festival)也是国会图书馆宣传和推进个人数字存档项目的重要举措。每年的图书节上,数字信息资源保护的相关部门会单设展位,进行推广。每年的主题都是不同的,如幻灯片数字化保存、视频与磁带的数字转换等。其中 2012 年的主题是电子邮件的导出和迁移,2013 年没有设定主题,而是通过宣传,让更多人参与到个人数字存档的项目中来。②

在国家图书节上,相关工作人员主要开展以下几方面的工作:

一是展示一些传统、老式的设备,如穿孔卡片、8 英寸和 3.5 英寸的软盘、压缩磁盘、磁盘驱动器、激光光盘、老式电脑等,通过演示计算机存储介质和其他技术的快速发展,让人们意识到,所有媒介、包括能够读取它们的设备都可能过时,随着时间的推移,我们必须对个人的数字资源进行转换、迁移和保护。③

---

① Preservation Week: Pass It On [EB/OL]. [2016-03-08]. http://www.ala.org/alcts/confevents/preswk.

② Digital Preservation at the National Book Festival 2013 [EB/OL]. [2016-03-08]. http://blogs.loc.gov/digitalpreservation/2013/09/digital-preservation-at-the-national-book-festival-2013/.

③ We Talked and Talked About Personal Digital Archiving [EB/OL]. [2016-03-08]. http://blogs.loc.gov/digitalpreservation/2011/09/we-talked-and-talked-about-personal-digital-archiving/.

二是进行交流。通过和参观者进行谈话，了解他们在个人数字存档过程中的经验和问题，适当提出相关意见和建议。这不仅有利于参观者更好地开展未来的存档工作，也有利于图书馆相关部门将来出台更具指导性的文件。

三是发放手册和讲义等，如《个人数字存档指南（personal digital archiving guidance）》。其中，通过事例等向人们展示随着时间的推移、技术的发展而来的个人存档的日益重要性，同时还列举了一些高水平个人数字存档技巧。

此外，国会图书馆还曾受邀参加史密森尼学会之下的非洲和美洲历史文化国家博物馆等机构举办的活动。这里不再一一介绍。

7.3.2 沈阳档案局的家庭档案工作

在教育指导公众方面，我国也有优秀案例，即前文介绍过的沈阳档案局家庭档案工作。虽然目前该档案局开展的线下教育指导活动针对的主要是纸质、实物等形式的档案，但其极富特色和卓有成效的教育指导活动的开展方式完全能适用于个人数字档案，而且该档案局后期还开设了家庭档案网，该网站中除了有纸质、实物等形式档案保存方面的教育指导，还有针对家庭数字档案的教育指导，因而对本书来说很有借鉴意义。由于前文中已对其概况和取得的成就进行了介绍，这里直接分析该档案局家庭档案工作的具体实施步骤和影响。

7.3.2.1 起步与实施

早在 1991 年，沈阳市档案局就开始研究家庭档案，1993 年出版了《家庭档案管理》一书。2002 年，为贯彻《公民道德建设实施纲要》，加强家庭美德建设，档案局开始思考如何将家庭档案管理的理论落到实处，通过深入百姓家庭调查，档案局发现已有一些家庭建立起家庭档案，而且还很规范。受此鼓舞，档案局决定在全市大规模开展家庭档案工作。

从 2002 年开始，档案局选树了家庭建档工作的典型，组织研制家庭档案装具，拍摄家庭档案的宣传片，拟定家庭建档指南和家庭档案的宣传口号，会同市精神文明建设办公室、市民政局、市总工会、市妇女联合会联合印发了《沈阳市家庭档案管理规范》，并联合召开沈阳市"档案进家庭"活动动员大会，倡议档案干部率先建立家庭档案，还公布了《致全市家庭的一封信》，自此拉开了家庭建档工作的帷幕①。

沈阳市档案局主要是从以下几个方面来实施其家庭档案工作的：

---

① 荆绍福. 沈阳市家庭档案工作纪实［M］. 沈阳：沈阳出版社，2013：1-9

1. 全市层层召开会议进行部署

动员大会之后，各区县(市)也纷纷召开了本地区的"档案进家庭"活动动员大会，对家庭档案工作进行部署。各单位、街道、社区等也召开了家庭档案工作会议或座谈会、交流会。

2. 档案干部和社区干部深入社区、家庭进行指导

此后，档案干部和社区干部走进千家万户，指导家庭建档。档案局还将家庭档案工作的各种文件、规范汇编成《家庭建档工作指导手册》，向单位、社区、行政村免费发放；向百姓家庭散发《致全市家庭的一封信》、《家庭建档指南》、《"档案进家庭"活动宣传口号》；另外还从全市 200 多个家庭撰写的家庭建档经验体会文章中选取 51 篇，汇集成《家庭建档经验集锦》。

3. 树立一批家庭建档示范单位(社区)、示范户

从 2002 年到 2012 年的 10 年间，沈阳市档案局共树立起家庭建档示范户 2700 户、示范社区(村)119 个。

4. 开展家庭档案讲座、咨询等各种有益活动

2002—2012 年，10 年间举办家庭档案知识讲座、报告会 5000 多场，家庭档案咨询会超过万场，受众人数近 30 万人次。比如 2002 年在万科城市花园举办的"档案进家庭"活动咨询服务晚会；2004 年与《时代商报》联合开展"宝贝成长档案"评选活动；2006 年苏家屯区举办家庭节能减排档案培训班；同年，副局长荆绍福在省社科联举办的公益性、社会化教育平台"辽海讲坛"上做演讲；2008 年，请家庭建档示范户印连举等人为机关公务人员培训家庭档案知识、为市档案业务指导干部作专题讲座；2009 年，和平区档案局和该区太原街道办事处举办家庭档案故事会；2011 年，在全市开展"万户家庭写家史工程"活动等等。

5. 家庭建档工作总结表彰

市、区(县)层层召开总结表彰大会，表彰在家庭档案工作中表现突出的部门、区(县)街道(镇)、社区(村)和个人。

7.3.2.2 宣传工作

沈阳市档案局特别重视家庭建档相关的宣传工作，其宣传方式主要有以下几种：一是媒体宣传，从 2002 年"家庭进档案"活动之初，沈阳市档案局就注重媒体宣传，各大新闻媒体也十分积极主动，对家庭建档进行采访报道，还与市档案局联合制作电视节目、发行光盘等。二是档案展览，全市各级档案部门、众多家庭纷纷举办档案展览，如沈阳市档案馆常设的家庭档案珍藏展览，

现代家园社区举办的"回眸往事——现代家园社区庆祝建国 60 周年家庭档案珍藏展"等。三是举行家庭档案文艺演出活动,如与沈阳广播电视台联合举办的"让爱住我家"——沈阳市家庭档案主题晚会,汇集了社区编排的节目之精华;某社区举办的"荟萃力量:社区广场文艺演出暨家庭建档启动仪式"等等。四是家庭档案网①,为宣传和普及家庭档案知识,给广大家庭档案爱好者和志愿者提供一个交流经验体会的平台,沈阳市档案局组建了家庭档案网,于 2010 年 9 月 14 日开通,内设博客、论坛、即传即见、珍档赏鉴、我家档案等 11 个 1 级栏目。网站的目标是成为促进家庭档案国内国际交流、普及家庭档案知识和家庭档案理论的平台,成为百姓家庭档案管理的咨询服务中心和家庭档案信息资源开发的数据库②。

此外,家庭档案还走进《辽海讲坛》《沈阳讲坛》等。从新闻媒体到展览展示,从专场演出到家庭档案网站建设,家庭档案的宣传遍及各类媒体。

7.3.2.3 指导体系与领导的重视和支持

2010 年以前,沈阳市档案局对家庭档案的业务指导主要是机关处、经济科技档案业务指导处负责,2010 年,沈阳市编办正式批准市档案局设立家庭档案业务指导处,自此有了专门负责家庭档案业务指导的职能处室。

十多年来,沈阳市档案局已经建立起市、区(县、市)、街道办事处(乡、镇)、社区(村),主要依靠社区(村)的家庭档案业务指导体系,社区(村)在家庭建档工作中发挥了重要的作用。这一体系中既有档案行政管理部门,也有群团性质的民间组织和百姓自发兴起的群众队伍。

沈阳市档案局的家庭档案工作得到了各级领导的重视和支持,国家档案局、辽宁省档案局、沈阳市委、市人大、市政府、市政协的领导及各区县(市)和基层单位的领导对家庭档案工作给予了极大地关注和支持,他们或是深入百姓家庭调研了解情况,或是参加会议作出重要指示,或是亲临现场和家

---

① 网址为 http://www.jtdaw.com/。

② 该网站的即传即见栏目中支持公众上传一些有价值的家庭档案资料(如照片、文章、音视频等),或者按照一定专题向公众征集(相当于档案馆的档案收集工作,收集过程中对上传的文件也规定了一定的标准,如照片的大小和分辨率);文件上传之后档案工作者或技术人员在后台会进行简单的分类、编号(相当于档案的整理著录工作);网上收集到的和本馆已有的海量家庭档案资料构成了一个档案信息资源库,档案工作者可以进行开发并提供利用,如制作网上展厅、将馆藏珍档数字化并展出等等;因而,实际上这种网站可以被视作一个面向公众的,集教育指导、收集、管理和提供利用功能为一体的数字档案馆。

庭建档示范户畅谈建档体会，或是签发文件解决家庭建档工作遇到的困难，极大地推动了家庭建档工作的开展。

7.3.2.4   影响

沈阳市档案局的家庭档案受到了老百姓的欢迎，在全国档案系统产生了良好的反响，在国际档案界也受到了好评。2004 年，第十五届国际档案大会介绍了沈阳市的家庭建档工作。2002 年以来，许多国外友人到沈阳市参观家庭建档工作。2007 年，国家档案局局长杨冬权在"中国·沈阳家庭建档与和谐社会建设高层论坛"上指出："家庭档案是中国档案工作者的一项创举，填补了国际档案界的一个空白，是中国档案工作者对国际档案界的一个新贡献。"①

7.3.3   评价

美国国会图书馆和沈阳市档案局的行动向国内外的档案机构生动地阐释了社会/社区范式下档案机构及档案工作者发挥辅导员的角色、联合公众共建档案的方法。其中，美国国会图书馆个人数字存档项目的特色是通过网站专题和社交媒介以及举办参办活动的方式向公众进行宣传教育和方法指导。在这里面，网站专题、社交媒介账号以及全国保存周期间举办的网研讨会都是面向虚拟社会/社区，而图书馆举办参办的其他活动(如个人存档日、国家图书节中的活动)则是面向真实社会/社区。沈阳市档案局主要是依靠各级档案机构的力量，层层发动群众，通过组织多种多样的宣传、培训、讲座、交流、展览、演出、评比、表彰等活动，大规模、全方位地开展家庭档案工作。其教育指导活动是充分利用了真实社会/社区内在的网络联系(不过该档案局后期也开设了家庭档案网，开启了针对虚拟社会/社区的教育指导工作)。总的来说，美国国会图书馆的实践更多地体现了机构的辅导员角色，而沈阳市档案局的实践则突显了对机构发动群众、争取群众参与的良好示范作用。

7.4   教育指导过程中的困难和问题及解决方法思考

基于美国国会图书馆及我国沈阳市档案局的实践，笔者思考了教育指导的过程中可能会遇到的一些各种困难和问题，并尝试根据上面两个实例中的经验

---

① 杨冬权. 在"中国·沈阳家庭建档与和谐社会建设高层论坛"上的讲话[J]. 中国档案，2008（12）：6-9.

提出了一些解决方案。

7.4.1 资金和人力上的困难

这是档案馆在采取各种行动之前必然会考虑到的比较实际的问题。对于此问题，首先要说明的是，教育指导不是像馆藏档案的数字化、数字档案馆建设等需要耗费大量资金的业务活动，其实现方式或者是在网站上开设专题(其中的核心内容，即提供给公众的工具或方法介绍等，在建设好之后一般不需要太频繁的更新维护，因为工具的更新换代不至于太快，个人数字文件保存的方法也相对比较稳定)，或者是通过举办参办活动(定期举行，一次只持续几天，且活动中只需要宣传册、展板之类不需要太多花费的工具)等等，这些都不会耗费大量资金。至于人力，如果是像美国国会图书馆的做法，即在网站上将内容建设好之后不需太经常的更新维护，举办参办的活动也多是一年一次、一次持续几天，这样不会耗费大量人力，而且与馆藏档案数字化、数字档案馆建设等活动相比，这些活动不需要太多专业技术人员。而如果是沈阳市档案局那样大规模、经常性地开展这种活动，总体上是需要较多人力，但是这种情况下的档案机构又可以有其自己的解决方法，即层层部署，每个级别的档案机构只需负责本级任务，教育指导工作一级一级往下分担，到最后变成了每个街道、每个村庄乃至每个小区、每个村民小组的任务，这样经过分解之后，每一级档案机构所需的人力就不会太多了。

其次，资金和人力方面的困难可以通过加大与其他机构的合作来解决。此方法在沈阳市档案局的实践中可谓展现得淋漓尽致，比如在小区里，档案机构与小区开发商合作举办晚会；与妇联、环保部门等合作开展家庭节能减排档案建立宣传指导工作；借助图书馆或省社科联举办的辽海讲坛等公益平台开办讲座等等。通过这些合作，档案馆可以节省资金和人力，同时又取得更好的宣传指导效果。

再次，借助网络平台，可以避免现场教育指导所需的展台布置等费用以及专门抽调的人力。信息和网络技术为档案馆的教育指导工作带来了很大便利，档案馆可以通过网站中的专题、社交媒介等推送家庭及个人建档方面的宣传及指导资料，还可以定期举办网络研讨会、交流会等，方便公众之间以及公众和档案工作者之间的互动。当然，现场的教育指导活动也有在短时间内吸引更多的公众驻足、展览品更加生动形象等优势，这二者可以相互配合使用，网络平台可以作为长期的教育指导阵地，而现场的教育指导则可定期举行。

最后，前期的教育指导工作可能需要档案馆划拨内部资金(包括人员工资），但是当工作开展到一定规模、有了一定成果和影响力之后，便会收到来自各方的资金支持，如来自国家的项目支持、来自本级政府的资金支持等等。在人员编制上，也可从最初调用其他部门的人员，发展到开设专门的家庭档案业务指导处（沈阳市档案局的做法），下面人员有了正式编制和工资来源，就保证了家庭档案工作的人力资源①。

7.4.2 如何吸引和发动公众的问题

前文已经分析过，档案馆开展的教育指导活动是有其现实基础的，即公众希望保存其家庭及个人的文件但又不懂保存的方法，因而需要相关的指导。然而，即使这样，档案馆在开展教育指导活动时仍需要思考如何能够更有效地吸引和发动公众参与建档的问题，因为人们可能会由于忙碌而暂时不考虑参与文件保存相关的教育指导活动，或者疏忽了这些活动。并且，在吸引和发动公众参与方面还存在如何吸引和发动更多的群众进行更深入参与的问题。

对于此问题，首先，在面向公众进行教育指导的过程中要尽量采用公众可接受的方式，即"要接地气"。比如，美国国会图书馆提供给公众的宣传材料中或者在面对面讲解时，措辞都尽量选择通俗用语，避免使用专业术语。

其次，在开展活动时，要提前对目标受众的情况有充分的了解，抓住民众的心理，选择百姓关心的、贴近百姓生活的话题，以有号召力的并且是百姓喜闻乐见的方式开展活动。比如，沈阳市档案局举办的"让爱住我家"——家庭档案主题晚会，目标受众是社区居民，主题是家人之间的相亲相爱，在展示家庭亲情的同时展示家庭档案的重要作用，活动形式是晚会形式，由社区居民自己编排节目，择优推送。活动举办得很成功，反响也很强烈，这是因为，一方面，对多数人来说，亲情和家人都是非常重要的，每个家庭中都有很多感人的或者有趣的故事，可以和家庭档案结合起来进行展示，这种"让爱住我家"的主题十分容易受到社区居民的认同和欢迎；另一方面，活动的形式是晚会形式，一家人及其邻里可以一起其乐融融观看节目，热闹喜庆，百姓喜闻乐见。

再次，活动过程中要提供给民众发挥的空间，充分调动其主观能动性。仍以上面的"让爱住我家"——家庭档案主题晚会为例，其成功举办的另外一个重要原因是，表演节目的都是社区居民，家家都可以编排节目，最后择优推选，充分调动了社区居民的积极性，激发了公众的主人翁意识。另外，档案馆

① 2003年，大英图书馆也首次设立电子手稿管理员（Curator of eManuscripts）的职位，专门负责来自个人的电子手稿。

还可借助群团性质的民间组织和百姓自发兴起的群众队伍的力量，由这些组织和队伍来负责家庭建档的宣传教育和方法指导，档案馆只负责引领，而让公众成为真正的主导和实施者。

最后，在宣传建档的重要性和提供方法指导时，可以借助社交媒介平台以及媒体的力量，扩大影响力和覆盖面，使教育指导惠及更多公众。档案馆可以建立微信公众号，推送家庭及个人建档的活动预告、优秀事迹报道、建档方法等；还可以联合报纸、广播电台、电视台等共同举办活动，比如沈阳市档案局与广播电台合作开展文艺晚会；与《时代商报》联合开展"宝宝成长档案"评选活动等。

7.4.3 如何争取与其他机构合作机会的问题

前文已经提到，与其他机构的合作能够解决档案馆资金和人力短缺的问题，还能更有效地吸引和发动公众，然而，怎样才能争取到与其他机构合作的机会呢？

首先要说明的是，在档案馆的教育指导活动开展到一定程度之后，即活动开展的较为深入，覆盖到了众多基层社区或村庄，细化到了多种家庭或个人档案，涉及公众生活的多个方面，就会自然产生与其他机构合作的空间和需要，为争取将来的合作机会做好了准备。尤其是当档案馆的教育指导活动成效较为明显，在社会上产生一定影响之后，合作机会就会更多，甚至会有机构主动上门寻求合作。以沈阳市档案局为例，其家庭建档教育指导活动开展地十分深入，因而就具备了较多与各种机构合作的空间，比如和社区自发性群众组织合作举办的"荟萃力量：社区广场文艺演出暨家庭建档启动仪式"、和环保部门合作进行的家庭节能减排档案建立宣传指导工作等。在该市档案局的家庭档案工作有了一定名气之后，与其他机构的合作更为频繁，比如前文提到的与时代商报合作举办"宝宝成长档案"评选活动，与广播电台合作开展文艺晚会等等，其中有不少都是媒体主动上门寻求的合作。因此，档案馆要想获得与其他机构更多的合作机会，可以首先将自己的教育指导活动开展得更加深入，使教育指导的受众面更加广泛，教育指导所针对的档案类型更加全面丰富，在教育指导活动开展到一定程度之后，就会有更多的合作机会。

其次，档案馆要有合作的意识和开放的心态。机构之间的合作是建立在双方共同利益基础上的，双方通过优势互补、通力合作，可以达到共赢局面，取得"整体大于局部之和"的效果。因而档案馆在开展各种教育指导活动时，要葆有合作的意识和开放的心态，主动寻求各种合作的机遇，同时对于其他机构主动邀请的合作进行积极回应。

最后，档案馆要注重对本馆教育指导相关活动的宣传，让社会各界对本馆的活动有更多地了解，才能赢得更多的合作机会。仍以沈阳市档案局为例，该局从开展家庭档案教育指导活动之初就十分注重宣传，其活动有了一定影响力之后，有很多媒体主动上门寻求合作，并且其他机构也十分乐意赞助或者与该局合作举办活动。

7.5　小结

本部分为档案馆的个人数字文件保存提供了一种新的思路，即在传统的将档案馆接收到馆内保存的方法之外，档案馆还可以通过向公众提供教育指导，引导公众来保存其自身的数字文件。在这一过程中，档案馆充当了辅导员的角色，公众积极参与到其个人数字文件的保存行动中来。

在论述的过程中，本部分首先介绍了国际档案界提出的新的档案工作范式，即社会/社区范式，将本书提出的这种新思路纳入了国际背景下。然后分析了这种新思路的具体含义，并根据其精髓将其归结为教育指导的方法。之后分析了教育指导方法的现实基础和意义，并通过美国国会图书馆个人数字存档项目和沈阳市档案局(馆)的家庭档案工作两个实例分析了教育指导的具体做法。末尾，笔者对档案馆开展教育指导活动过程中的困难和问题进行了思考，并借鉴这两个实例中的经验提出了解决方案。

需要指出的是，本部分和第5、6部分的区别不仅体现在本部分是对馆外的公众进行教育指导而第5、6部分是对接收进馆的个人数字文件进行管理保存，还在于第5、6部分中接收进馆的个人数字文件一般是名人的数字文件(也包括少部分普通人的数字文件)，而本部分教育指导所面向的公众则主要是广大普通平民。因此，从这个方面来看，档案馆对这种面向公众的教育指导活动的重视也体现了档案馆的服务对象越来越平民化、大众化。

8 总结和展望

8.1 总结

本书按照提出问题—分析问题—解决问题的思路，主要论述了档案馆如何应对个人数字文件保存的挑战，从改变观念、收集进馆前的提前干预、收集进馆后的管理、对公众的教育指导四个方面提出了解决方案。

其中，第 1 部分介绍了选题的背景、国内外研究现状、研究内容、研究方法、研究意义和研究创新点。目前个人数字文件大量产生，对于个人以及国家和社会来说都具有长远的保存价值，然而，由于一些主客观的因素，其保存状况却十分堪忧，因而个人数字文件的保存问题需要引起广大学者的关注。鉴于此，笔者调查了国内外有关此问题的研究现状，发现国外的研究已有几年时间，但国内对个人数字文件保存的研究才刚刚起步，且缺乏从档案馆的角度论述保存策略，因此有必要在这方面展开研究。另外，此部分还介绍了本书要用到的研究方法、研究意义及创新之处。

第 2、3 部分是对问题的分析。首先，第 2 部分分析了个人数字文件相关的概念、理论以及档案馆开展个人数字文件保存工作的法律依据。目前档案学的一些基本概念，如"文件"和"档案"主要是根据政府等机构的实践概括总结出来的，个人形成的一些记录有时难以在这些概念的定义中获得解释，因此书中对这些核心概念的含义重新进行了探讨，并给出了本书的观点，使个人的记录相关的情况得以体现在这些概念中。之后，笔者对个人数字文件的含义及范围进行了界定，并在个人数字文件及其相近的概念(个人档案、家庭档案、私有档案和私人档案)之间进行了辨析。至于个人数字文件相关的档案学理论，本部分主要分析了个人档案的鉴定理论以及针对数字文件管理的后保管理论，这些理论中很多都是根据机构文件和档案管理的实践总结出来的，在应用到个人领域时要分析其适用性，或者根据个人的情况进行发展和重新阐释。第 2 部分的最后还分析了档案馆参与个人数字文件保存的法律依据，根据我国相关法律法规的规定，我国档案馆的职责范围内包含了个人档案的保护，因为我国档案馆有资格开展个人数文件的保存工作。

第3部分的内容是笔者对我国档案馆个人数字文件保存工作现状的调查，以及基于这些调查所分析出的工作现状中的问题。调查分为两部分，网站调查和电话访谈。网站调查是通过访问31个省级综合档案馆的网站（在省级网站信息不足的情况下还会辅以部分市级综合档案馆网站中的信息），了解各馆个人数字文件保存工作的情况。不过，作为个人数字文件保存工作开展的背景，笔者首先调查了这些档案馆个人档案方面的工作情况以及电子档案接收和数字档案馆建设的情况，电话访谈选取了一些代表性的档案馆，包括省级、市级、县区级、高校、企事业单位几类，共16家。根据这些调查，笔者将我国档案馆个人数字文件保存工作中的问题总结为以下四点：第一，很多档案馆目前尚未开展个人数字档案的收集工作，或者只收集了数码照片等少量的数字档案，笔者认为造成这一结果的原因有多种，但是最关键的原因在于档案馆的观念；第二，档案馆介入收集名人档案的时间一般是在名人退休或离世前后，笔者认为，在如今的数字时代，介入时间太晚难以保证接收时重要的数字文件还在或者还能被读取；第三，在对个人档案的管理上，除了极少数档案馆专门开发了名人档案的管理系统，大多数档案馆的工作方法仍然简单原始，难以满足数字时代个人档案的管理要求；第四，档案馆对公众建档的教育指导意义重大，然而除了少数档案馆，目前大多数档案馆教育指导的重点仍然是纸质文件的建档，对数字文件的建档关注不够。

第4、5、6、7部分就是对第3部分现状调查所总结出的问题的解决。其中第4部分是针对第一个问题，即档案馆观念上的问题，提出档案馆要改变观念，这是档案馆应对个人数字文件保存挑战的第一步。该部分从两个方面论述了档案馆改变观念的途径：一是要认识个人数文件保存的必要性和意义。在必要性方面，个人数字档案是数字时代社会记忆的重要组成部分，因而档案馆有必要对其进行保存；个人的存档意识不强、商业机构对文化遗产和社会记忆保存的不关心又使得个人数文件的保存必须由档案馆等公共文化机构出面来推动等等。至于档案馆参与个人数字文件保存的意义，一方面，这是档案馆接近公共、融入社会的重大契机；另一方面，这方面的行动能够提高档案馆的知名度。另外，鉴于档案馆走向社会化、关注大众已成为国际潮流和趋势，我国档案馆尽早采取这方面的行动将会使其工作更具前瞻性和预见性。二是要重新思考个人档案收集中的困难和问题。档案馆收集个人档案时最常面临的困难分别来自个人的隐私方面、个人的著作权方面以及个人不愿捐赠原件方面，笔者对此分别提出了一些建议或者看待这些问题的新角度，比如私密文件可以设置公开时限；只公开版权限制之外、已进入公共领域的个人作品，版权限制之内的作品可以先存档、后公开；数字时代不一定非要收集原件，复制件也很有价值（信息和知识价值）等等。档案馆收集个人档案时还面临一个问题，即原来档案馆收集个人档案主要用于展览，现在一些个人档案变成了数字形式，不便展览，因而档案馆收集的积极性不高。对此，笔者从档案的价值出发，指出数字时代，对档案的价值要重新认定，档案馆对档案的开发和提供利用方式也要改变，数字档案的一个重要价值在于其内含的信息和知识，档案馆提供利用的方式也要从展览发展到对信息和知识的挖掘并通过网络提供利用。

第 5 部分紧接着论述了个人数字档案的收集，其重点是提前干预，这是数字时代档案馆保存个人文件的关键。笔者首先介绍了提前干预方法的提出、含义及相关论辩。提前干预方法是澳大利亚档案馆的 Adrian Cunningham 提出的，具体是指为防止个人数字文件流失或损毁，档案工作者要主动加入到个人的文件形成和保管过程，从源头上确保个人以恰当的方式形成、管理文件。对此方法有学者提出了质疑，比如会需要增加人力、时间上的投入，还会损害档案的自然形成过程。笔者的看法是前期的工作做好了，就可避免后期数字化、数据恢复等方面的麻烦，因而即使前期投入一些人力时间也是值得的。另外，提前干预的确会损害档案的自然形成过程，但是鉴于数字文件易于流失或损毁的特性，档案馆必须要进行提前干预。

笔者接着分析了个人的数字文件形成和管理行为，因为这是档案工作者实施提前干预的基础，档案工作者必须首先了解个人是如何形成和管理其数字文件的，然后才能有的放矢进行提前干预。之后，笔者举出了 Paradigm、Digital Lives 和 iKive 项目三个实例，具体展示了提前干预的操作过程。其中 Paradigm 项目的亮点是其开发的多种、完备的 5 种接收方式；Digital lives 项目提出的 iCuration 虽然还处于设想阶段，但极富前景，其优点是各种档案工作都能在线完成，在线指导、远程接收；iKive 项目为档案馆提供了一种在线收集工具，即通过网站平台收集个人数字文件，该平台的优点在于整合了各种类型的存档工具，可以对桌面文件、邮件和社交网站文件进行集中存档。在这三个实例的基础上，本部分的最后一节梳理出了提前干预的一整套实施步骤，分为初期的周期性的接触和数字收集活动两个阶段。

第 6 部分承接了第 5 部分，论述个人数字文件接收进馆后的档案管理业务，根据档案馆的不同条件，笔者提出了四种个人数字档案的管理路径。第一种路径是从物理媒介上的个人数字档案着手保管的路径。对于尚未全面开展个人数字文件收集工作的档案馆，可以先从馆藏的物理媒介上的个人数字档案开始着手，对这些物理媒介进行检测，将过时媒介上的文件进行及时迁移，并对格式过时的文件进行格式转换，然后整理并妥善保存、提供利用，必要时还需对已损毁的媒介进行数据恢复。第二种路径是针对已有数字仓储的档案馆，比如已建成数字档案馆的档案馆，笔者分析了将个人数字档案纳入数字档案馆业务中的可行性，结合了加拿大国家图书档案馆的可信数字仓储的经验，指出将个人数字档案摄取到数字档案馆进行管理、保存和提供利用是可行的，但是在摄取之前，档案馆一定要做好准备工作，比如为个人数字档案制定元数据标准，并争取将这些标准贯彻到个人的文件形成和管理行动中。第三种路径是依托管理软件，该路径是针对没有建成数字档案馆的档案馆，指出通过一些管理软件，比如加拿大开发出的 Archivematica 软件，档案馆同样可以实现对个人数字档案的格式化、查毒、元数据抽取、打包为保存和访问副本等一系列操作，只不过这类软件只是对接收到的个人数字档案进行处理，并不具备存储和提供访问功能，档案的保存和提供访问还要借由外部的存储架构和在线访问仓储。最后一种路径是建议档案馆与其他机构合作，尤其是资金、技术都不足的档案馆，可以借用其他机构的数字存储空间、在线访问平台等，不同的档案馆还可以共同构建一个信息分享平台，进行经验交流、知识共享，从而达到优势互补、资源共享的目的。

第 7 部分为档案馆的个人数字文件保存工作提供了一个新的思路，即档案馆不接收进馆保存而是教育指导公众保存其个人数字文件。笔者首先介绍了国际档案学界提出的社会/社区范式，作为这种新思路提出的背景。社会/社区范式指的是档案工作者看待档案管理工作的一种方式，在这种范式下，档案工作者的身份不是档案保管员，而是辅导员，档案工作者要教育指导公众，公众则积极参与到其自身的数字文件的管理与保存中来，即档案馆要与社会或社区共建档案、共同保存社会记忆。本书的教育指导公众保存其数字文件的工作思路就是基于这种范式而阐发，笔者接着分析了档案馆对公众的教育指导的现实基础与意义，其中，现实基础是公众希望保存其重要的数字文件但是又缺乏相关知识与技巧，因而需要档案馆的教育指导。档案馆对公众建档的教育指导的意义在于将会为公众带来多种实惠，同时也会提高档案馆的知名度。之后，笔者对两个实例进行了分析，一个是美国国会图书馆的个人数字存档项目，一个是沈阳市档案局的家庭档案工作。前者的特色是通过网站专题和社交媒介以及举办参办活动的方式向公众进行宣传教育和方法指导；而后者则主要是依靠各级档案机构的力量，层层发动群众，通过组织多种多样的宣传、培训、讲座、交流、展览、演出、评比、表彰等活动，大规模、全方位地开展家庭档案工作。前者更多地体现了机构的辅导员角色，后者则是对机构发动群众、争取群众参与的良好示范。在此基础之上，笔者最后思考了档案馆的教育指导活动中所存在的困难和问题，包括资金和人力上的困难、如何吸引和发动公众的问题、如何争取与其他机构合作的问题，并借鉴前面两个实例中的经验提供了解决方案。

总之，我国档案馆首先要转变观念，认识到个人数文件保存工作的重要性和紧迫性，并重新评估个人档案收集中的困难和问题，改变固有观念，以新的视角看待个人数字文件的保存工作，继而开启在个人数字文件保存方面的实践探索。在收集个人数字文件进馆之前，要与个人提前建立联系，并对其提供指导和建议，确保个人以恰当的方式形成和管理其数字文件，如果可能，尽量让个人生成后期的档案管理工作中所需的元数据。在收集的方式上，可以借鉴Paradigm 项目提供的 5 种方式，并且具体使用时可以将其中的 2 种甚至更多方式相结合。接收进馆之后，在管理的路径上，可以从物理媒介上的个人数字档案着手保管，也可以依托数字仓储或管理软件，还可以和其他机构合作，这几种路径也可以结合起来使用。最后，档案馆在将个人数字文件收集进馆保存之外，还要注重对公众的教育指导，借助公众的力量，共同保存社会记忆。

这四个对策其实是相互联系、密不可分的，其中改变观念是基础，也是其他三个对策的前提；提前干预是关键，档案馆要确保重要的个人数字文件的安全，必须从源头上抓起。四种管理路径是保障，通过这四种路径的处理和保存工作，才能确保个人数字文件的长期安全和有效。对公众的教育指导是提升，档案馆在完成传统的收集保管业务之外，开展对公众的教育指导，借助公众的力量，将会实现个人数文件保存工作的真正的飞跃。档案馆在具体实施时，要将四种对策相互配合，才能更好的完成个人数字文件保存任务，保留社会记忆，保存人类的文化遗产。

8.2 展望

在理论上，基于个人的各种记录的形成和管理实践，本书尝试对一些传统的基本概念作出了新的解释，以更准确地将个人的情况反映到这些概念中。然而鉴于实践中各种现象的复杂性，要想用一种解释完全覆盖各种现象非常困难，本书只是进行了初步的探索，所提出的观点也只是一家之言，在这方面还需要更多学者进一步的研究。另外，在对文件的运动规律及其管理方法的认识上，目前已有的理论也主要是针对机构的文件，有关个人文件运动规律及管理方法的理论仍有待补充。

在对策上，本书只是从整体上搭建了档案馆开展个人数字文件保存工作的方法框架，在具体的实践中，还有很多细节问题需要解决，比如在个人的著作权问题上，就个人未发表的作品来说，如何商定一个合适的公开时限，如何协调档案馆、个人及其继承者之间的利益关系等；制定什么样的个人数字档案分类方案和元数据标准，分类如何细化，元数据都需要包含哪些内容；如何保障个人数字文件的真实性和完整性；E-mail、网页等形式的个人数字文件如何保存；书中引用了国外学者对个人的文件保管行为的调查，但是尚没有对我国各类人群文件保管行为的调查；将国外管理软件应用到国内会出现什么问题、如何解决；档案馆和图书馆等机构间的之间合作，具体可以采取哪些机制等等。另外，从根本上说，个人数字文件保存工作的全面开展需要档案馆观念的改变和国家层面的重视，这需要一个过程。因此，未来个人数字档案工作的全面推进可能还需要一段准备和适应时间，而作为实践的先行者，档案界需要进一步开展个人数字档案的多方面研究工作。

1959 年，美国的物理学家、诺贝尔奖得主 Richard Feynman 做了题为"底层有很多空间：进入物理学新世界的邀请函"的经典演讲，描述了未来的纳米技术。演讲的标题及其中的一些思想，在很多方面似乎也适用于个人数字文件①。对于档案工作来说，底层也有很多空间，有待档案工作者开拓，希望将来能有更多档案学者和从业者研究和思考个人数字文件的保存问题，开启档案工作新领域的大门。

---

① Beagrie N. Plenty of room at the bottom? Personal digital libraries and collections [J]. Dlib Magazine, 2005, 11(6): 1.

附　　录

附录1　部分省级综合档案馆对名人档案收集范围的规定

黑龙江档案馆	辽宁档案馆	湖南档案馆
①政界：担任过本地党委、政府、人大、政协、纪检委负责人的及其他著名政治家，包括相当级别的各党派领导人、无党派民主人士领导人	①担任过副省级以上党政领导职务或相应级别的领导人	①担任过省级或副部级以上职务的党政领导及其他著名政治活动家（包括担任相当级别的各民主党派、宗教组织、社会团体领导职务者）
②军界：在各个历史时期，获少将以上军衔或担任过副军职以上职务，获中央军委英模荣誉称号的人物及其他有影响的著名军事家	②获少将以上军衔或担任过副军职以上职务的军人；获中央军委英模荣誉称号的人物，其他有影响的著名军人	②省军区、驻湘部队、省武警部队中的少将军（警）衔以上军（警）官和湖南籍人员在部队服役或离退休的少将军（警）衔以上军（警）官
⑥全国劳动模范、五一奖章获得者、各行各业有突出贡献的英模人物	③全国、全省劳模、五一劳动奖章获得者，有影响和名望的企业家	⑤获得全国劳模、英模、标兵称号的人士
③工商界：具有重要影响和名望的企业家、银行家、商人等；		⑥省内知名企业家、工商业管理者、文艺及体育工作者
④科技界：两院院士，国家科学技术一等奖获得者，在某项科技领域（包括自然和社会科学领域）有较深造诣和突出成就的专家、学者、学科带头人	④两院院士以及在某项科学技术领域有突出成就的专家、学者，国家或者最高科学技术奖获得者	④获得两院院士、国家级专家称号及有重大创造发明或获得重大科研、学术成果的人士

续表

黑龙江档案馆	辽宁档案馆	湖南档案馆
⑤文化教育界：有重要影响、和突出成就的学者、文学家、艺术家、教育家等	⑤在国内外有重要影响、成就突出的文学家、艺术家、教育家	⑦著名教育家和省级以上名校校长⑧在全国重大文艺比赛中获得大奖的演员
⑨奥运会奖牌获得者，亚运会及其他重大国际体育比赛冠军、亚军及在国内外知名度较高的运动员、教练员	⑥奥、亚运会奖牌获得者，其他重大国内外体育比赛冠亚军及国内外知名运动员、教练员	⑨在国际重大体育比赛中获得前三名的运动员
⑦宗教界著名领袖 ⑧著名的社会活动家、知名人士、民间艺(匠)人	⑦著名社会活动家、宗教界人士、民间艺(匠)人	⑩著名的社会活动家、知名人士，著名的艺(匠)人
⑩知名的祖籍本省的华侨领袖、外籍华人 ⑫长期在省内活动的有影响的外国友人	⑧长期在辽活动过的著名华侨领袖、外籍华人	⑪海外和港、澳、台著名的湖南籍人士
⑪对国家和社会有突出贡献或有社会声望的人士 ⑬其他著名人物	⑨对国家和社会有突出贡献、在国内外有重要影响的其他著名人士	⑫其他同等条件的有关人士 ⑬在湖南或中国历史某时期或某重大事件中起过重要作用的政治家、军事家及各界名人

附录2　部分省级综合档案馆对名人档案收集内容的规定

上海档案馆	黑龙江档案馆	辽宁档案馆
①生平方面：生平传记、回忆录、照片、履历表、日记、证明学历和技能的证书、党政职务的任免书、专业技术职务的证书、各种荣誉证书等	①反映名人一生经历及其主要活动的生平材料，如日记、自传、传记、年谱、回忆录等	①反映名人经历及其主要活动的传记、回忆录、履历表等

上海档案馆	黑龙江档案馆	辽宁档案馆
②活动方面：参加各种代表会议、受聘于各种组织等社会活动材料；参加学术组织、学术研讨等业务活动材料	②反映名人职务活动的材料，如文章、讲话、工作笔记等	②反映名人职务活动的文章、报告、演讲稿、工作日记等
③成果方面：科研成果材料，包括计划任务书、实验的原始记录、研制报告、鉴定材料、推广应用材料和获奖材料等；学术研究材料，包括编辑和著述的学术专著，在省市级以上刊物发表的论文和书画、摄影、文学艺术等各类作品及上述各类成果的获奖证书等	③反映名人成就的材料，如著作、研究成果、书画、摄影作品等	③反映名人成就的作品及研究成果
④评介方面：各类出版物上发表的评介文章，各种会议上由组织整理的经验介绍和考察、晋升等综合性评介材料，各种纪念性活动中形成的材料	④社会对名人研究、评价的材料，如研究材料、评介材料、纪念性、回忆性材料等	④社会对名人研究、评价的资料
	⑤与名人有直接关系的材料，如各类证书、证件、奖牌、谱牒、书信等	⑤与名人有直接关系的各类证书、奖章、信函、谱牒、纪念品等
	⑥反映名人活动的音像（录音带、录像带、照片）、光盘、实物等形式的材料	⑥反映名人活动的照片、录像带、录音带、光盘等
	⑦名人的口述历史材料等	⑦名人口述的历史资料

续表

上海档案馆	黑龙江档案馆	辽宁档案馆
	⑧其他与名人活动有关的材料	⑧名人收藏的图书、资料及其他具有历史和纪念意义的物品
		⑨其他有保存价值的档案资料

附录3　我国档案馆个人数字档案保存工作现状的访谈提纲

①贵馆目前接收电子形式的人物档案吗？

②如果接收，请简单列举内容，比如，除了电子照片，还有没有其他内容？

③如果接收，接收时间是什么？比如，是在人物离世或退休前接收还是退休或离世后？会不会提前联系重要人物，指导其个人电子文件的管理、以防丢失？有没有与重要人物定期接触、定期接收其电子文件？

④如果接收，接收方式是什么？上门拷贝还是在线接收(通过相关软件)？

⑤贵馆发展人物档案馆藏的途径是什么？比如，网站发布征集公告，上门争取，购买等，主要是哪种方式？有没有形成固定的工作模式？

⑥如果还未接收，请问将来是否会打算接收，并简要设想一下这个工作可以怎么做。

⑦如果不打算接收，请简单给出几个可能的障碍或不现实因素。

⑧请问贵馆数字档案馆建设的情况怎样？比如，有没有实现立档单位电子文件在线归档、在线移交，档案馆内部的档案管理业务是否在线进行？档案数据库或存储架构是否建好？

⑨如果数字档案馆已建设到一定程度，请问可否将重要人物的电子档案规划到数字档案馆业务中，比如摄取人物的电子档案到数字档案馆，并实现在线管理？

参 考 文 献

中文文献

1. 中文期刊

[1] 安小米，孙舒扬，白文琳. ISO/TC46/SC11 国际标准中 records 与 archives 术语的正确理解及翻译[J]. 档案学通讯，2016(4)：62-66.

[2] 陈启能. 略论微观史学[J]. 史学理论研究，2002(1)：24-29.

[3] 陈琼. 试论文件现行效用[J]. 档案学通讯，2004(5)：30-33.

[4] 陈兆祦. 在山西省直和太原市机关企事业单位档案干部大会上的学术报告[J]. 山西档案，1986(3)：3-13.

[5] 陈兆祦. 再论档案的定义——兼论文件的定义和运动周期问题[J]. 档案学通讯，1987(2)：23-27.

[6] 陈兆祦. 谈谈"文件论"[J]. 档案管理，2004(3)：8-11.

[7] 陈兆祦. 文件能包含档案吗？——兼评《档案定义应以文件为属概念》[J]. 浙江档案，2007(1)：6-9.

[8] 何嘉荪. 文件生命周期理论完全适用于中国——与王茂跃等同志商榷[J]. 山西档案，1998(5)：14-17.

[9] 何嘉荪，盖书芹. 应该如何看待中外"文件"、"档案"概念的不同——再论文件生命周期理论完全适用于中国[J]. 浙江档案，1998(11)：23-25.

[10] 何嘉荪. 从世界范围研究文件与档案的本质区别——从电子文件的网络实时归档说起[J]. 北京档案，2000(7)：15-18.

[11] 何芮. 非物质文化遗产传承人个人数字存档研究[J]. 云南档案，2015(10)：46-50.

[12] 李翔，曹雅晶. 失落的展览权——从"钱钟书书信拍卖案"谈起，兼论《著作权法》第十八条之理解[J]. 中国版权，2014(4)：53-57.

[13] 林玉辉，林岚. 美国图书馆领域数字资源长期保存实践进展[J]. 图书馆

理论与实践，2015（11）：43-46.

[14]刘东斌.档案本质属性新论[J].档案管理，2001(3)：10-11.

[15]刘龙.美国国会图书馆指导公众开展个人数字信息保存的举措[J].图书与情报，2015，159(1)：87-90.

[16]刘越男，祁天娇.我国省级、副省级档案馆电子文件接收及管理情况的追踪调查[J].档案学通讯，2014(6)：10-15.

[17]刘智勇.私人档案初探[J].成都档案，1987(4)：8.

[18]陆建香.论人事档案与个人信用档案[J].兰台世界，2006(7)：7.

[19]马海收，吴振新.微服务在数字资源长期保存系统中的应用研究[J].图书馆学研究，2011(18)：45-51.

[20]潘连根，刘东斌.关于"大文件"概念的辨析[J].档案管理，2008(5)：4-10.

[21]潘未梅，方昀.文件档案概念辨析——以 InterPARES 项目为例[J].档案学通讯，2013，4：25-29.

[22]秦珂.开放存取自存档（self-archiving）的版权问题分析[J].图书与情报，2008，152(1)：103-105.

[23]仇壮丽，郑凡.个人即时信息的归档保存[J].广西质量监督导报，2014(7)：39-40.

[24]曲春梅.理查德·考克斯档案学术思想述评[J].档案学通讯，2015(3)：22-28.

[25]邵成林.电子文件与数字档案之辨析[J].四川档案，2006(3)：4-5.

[26]邵晶.绿色 OA 仓储的"存档"与"开放"策略研究[J].图书情报工作，2008，52(11)：78-80.

[27]宋群豹.再谈 Record 的翻译之争：文件或档案外的第三种可能[J].档案学通讯，2014(4)：31-34.

[28]特里·库克，李音.四个范式：欧洲档案学的观念和战略的变化——1840年以来西方档案观念与战略的变化[J].档案学研究，2011(3)：81-87.

[29]特里·库克著，刘越男译.电子文件与纸质文件观念：后保管及后现代主义社会里，信息与档案管理中面临的一场革命[J].山西档案，1997，2：7-13.

[30]涂志芳，刘兹恒.美国数字公共图书馆的创新特点及对我国的启示[J].图书与情报，2015(6)：47-53.

[31]王方.Personal Digital Archiving 的策略与技巧探讨[J].科技情报开发与经

济，2013（16）：121-123.

[32]王海宁，丁家友．对国外个人数字存档实践的思考——以 MyLifeBits 为例[J]．图书馆学研究，2014(6)：62.

[33]王岚．文件还是档案？——为 records 正名[J]．档案学研究，2009(5)：13-16.

[34]王岚．文件管理还是档案管理？——Records Management 正义[J]．档案学研究，2010(5)：23-29.

[35]王良城．从文化视角看 RECORDS 概念的界定[J]．档案学研究，2012(1)：21-25.

[36]王茂跃．关于大文件概念的一些思考[J]．档案管理，2007(6)：16-18；

[37]王茂跃．关于大文件概念的再思考[J]．档案管理，2009(1)：28-31.

[38]王新才，徐欣欣，聂云霞．从档案学会议看档案学发展——1981 年来我国档案学会议的历史梳理与主题分析[J]．档案学研究，2015（2）：49-55.

[39]王英玮，熊朗宇．论文件、记录和档案的术语含义及其生命周期[J]．档案学通讯，2015(6)：4-7.

[40]吴晓奕．论个人电子文件的保护[J]．科技情报开发与经济，2008，18(13)：146-148.

[41]徐拥军，张倩．加拿大图书档案馆的数字保存策略——可信数字仓储[J]．档案学研究，2014（3）：90-96.

[42]杨冬权．在"中国·沈阳家庭建档与和谐社会建设高层论坛"上的讲话[J]．中国档案，2008（12）：6-9.

[43]杨莎，叶建忠．学术信息交流的新途径[J]．图书情报工作，2007，51(3)：37-40.

[44]俞金尧．微观史研究：以小见大[J]．史学理论研究，1999(1)：12.

[45]俞金尧．书写人民大众的历史：社会史学的研究传统及其范式转换[J]．中国社会科学，2011(3)：13.

[46]张照余．电子文件与相关概念的辨析[J]．机电兵船档案，2009(1)：49.

[47]张钟月．试论个人电子文件的长期保存[J]．办公室业务，2012(23)：125.

[48]赵家文，李逻辑．私人档案立法保护之我见[J]．中国档案，2004(3)：7.

[49]赵生辉．"微观档案学"刍议[J]．档案管理，2013（3）：18-19.

[50]周玲玲．机构知识库建设中存缴和发布已发表作品的法理透析——梳理中国科学院研究所机构知识库主要著作权疑虑[J]．图书情报工作，

2011，55（13）：76-79.

[51]周文泓.社交媒体环境中的参与式档案管理模式探析[J].图书情报工作，
2014，58（15）：116-122.

[52]周耀林，赵跃.国外个人数字存档研究与实践进展[J].档案学通讯，
2014（3）：82.

[53]周耀林，赵跃.个人存档研究热点与前沿的知识图谱分析[J].档案学研
究，2014（3）：24.

[54]周耀林，赵跃.基于个人云存储服务的数字存档策略研究[J].图书馆建
设，2014（6）：21.

2. 中文著作

[1]荆绍福.沈阳市家庭档案工作纪实[M].沈阳：沈阳出版社，2013：1-9.

[2]吴宝康.档案学概论[M].北京：中国人民大学出版社，1988：32.

[3]吴宝康，冯子直.档案学词典[K].上海：上海辞书出版社，1994：95-96.

[4]（加）T·库克.1898年荷兰手册出版以来档案理论与实践的相互影响
[C]//第十三届国际档案大会报告集.北京：中国档案出版社，1997：
143-176.

[5]夏征农.辞海[K].上海：上海辞书出版社，1999：4142.

[6]肖秋惠.电子文件长期保存：理论与实践[M].北京：社会科学文献出版
社，2014：7.

[7]中国大百科全书出版社编辑部.图书馆学情报学档案学[M].北京：中国
大百科全书出版社，1993：460.

[8]朱小怡等.数字档案馆建设理论与实践[M].上海：华东师范大学出版社，
2007：107.

3. 中文学位论文

[1]冯占双.基于机构仓储的学术知识共享机制研究[D].大连：大连理工大
学，2009：3-5.

[2]郭淑艳.基于开放获取的机构知识库的研究[D].长春：东北师范大学，
2006：33.

[3]李思琴.家庭档案记忆构建研究[D].南昌：南昌大学，2014：11.

[4]李雯.企业数字文件的形成及其管理研究[D].武汉：武汉大学，
2013：3.

［5］刘彤彤．中国省级档案馆名人档案管理现状及问题研究［D］．沈阳：辽宁大学，2014：34.

［6］唐兆琦．基于 DSpace 的机构仓储应用研究［D］．上海：上海交通大学，2008：2-4.

4. 中文标准

［1］国家档案局．档案著录规则［S］．DA/T 18-1999.

［2］国家档案局．档案工作基本术语［S］．DA/T 1-2000.

［3］国家档案局．电子文件归档与管理规范［S］．GB/T18894-2002.

［4］国家档案局．基于 XML 的电子文件封装规范［S］．DA/T48-2009.

［5］国家档案局．归档文件整理规则［S］．DA/T 22—2015.5 中文电子文献

［6］中华人民共和国档案法［Z/OL］．［2016-03-09］．http：//www. saac. gov. cn/xxgk/2010-02/08/content_1704. htm.

［7］各级各类档案馆收集档案范围的规定［Z/OL］．［2016-03-09］．http：//www. saac. gov. cn/xxgk/2011-12/20/content_12124. htm.

［8］上海档案局沪档［1998］168 号关于印发《上海市著名人物档案管理暂行办法》的通知［EB/OL］．［2016-03-09］．http：//www. archives. sh. cn/dazw/ywzd/201203/t20120313_15798. html.

［9］湖北省档案局(馆)关于印发《湖北省档案局(馆)征集名人档案试行办法》的通知［EB/OL］．［2016-03-09］．http：//www. hbda. gov. cn/manage/upload/html/20120419101458_179. shtml？netyId＝50&newsId＝179.

［10］湖南省档案馆著名人物档案征收暂行办法［Z/OL］．［2016-03-09］．http：//sdaj. hunan. gov. cn/dayw_78261/dazs/zsgd/201211/t20121113_2907390. html.

［11］关于公开征求《浙江省人物档案管理办法》意见的公告［EB/OL］．［2016-03-09］．http：//www. zjda. gov. cn/jgzw/zwgk/gggs/201312/t20131231_315262. html.

［12］甘肃省档案馆关于征集历史档案资料的通告［EB/OL］．［2016-03-09］．http：//www. cngsda. net/art/2012/11/14/art_33_1992. html.

［13］辽宁省档案馆公开向社会征集名人档案的通告［EB/OL］．［2016-03-09］．http：//www. lndangan. gov. cn/lnsdaj/ywgzzd/dzzj/sjxx/content/4028eaa228fb517a0128fb54af4e1061. html.

［14］广东省名人档案管理办法［Z/OL］．［2016-03-09］．http：//www.

da. gd. gov. cn/WebWWW/code/CodeInfo. aspx？LianJie_ID＝159.

［15］江西省档案馆名人档案征集范围［Z/OL］. http：//www. jxdaj. gov. cn/id_
2c908198522098630152390 8aad13095/news. shtml.

［16］"改革开放在浙江"老照片及史料征稿启事［EB/OL］.［2016-03-09］.
http：//www. zjda. gov. cn/jgzw/zwgk/gggs/201406/t20140618_316049. html.

［17］广东省档案馆征集"知识青年上山下乡"档案资料启事［EB/OL］.［2016-
03-09］. http：//www. da. gd. cn/WebWWW/collection/zjxxView. aspx？
Type＝1&ItemID＝3145.

［18］浙江省档案馆首次接收普通家庭档案进馆［EB/OL］.［2016-03-09］.
http：//www. saac. gov. cn/news/2014-01-24/content_33161. htm.

［19］舟山市定海区档案局首次征集普通家庭档案进馆［EB/OL］.［2016-03-
09］. http：//www. zjda. gov. cn/jgzw/zwgk/gzdt/201410/t20141021_3250
58. html.

［20］民宅藏瑰宝 斗室见历史［EB/OL］.［2016-03-09］. http：//www. saac.
gov. cn/news/2013-09/06/content_28263. htm.

［21］浙江省平湖市档案局开展"家庭档案进社区"活动［EB/OL］.［2016-03-
09］. http：//www. zjda. gov. cn/jgzw/zwgk/gzdt/201409/t20140928_3222
80. html.

［22］国家档案局. 数字档案馆建设指南［Z/OL］.［2016-03-09］. http：//
www. jxdaj. gov. cn/id_2c908198522028670152205f3bdd01ef/news. shtml.

［23］《电子档案移交与接收办法》解读［EB/OL］.［2016-03-09］. http：//
www. sdab. gov. cn/daj/ywzd/jgdagz/ywgf/webinfo/2015/02/14222565025846
27. htm.

［24］山东省国家电子文件管理信息系统试点工程通过竣工验收［EB/
OL］.［2016-03-09］. http：//www. sdab. gov. cn/daj/xwzx/sjgz/webinfo/
2015/07/1436854721952389. htm.

［25］山东省研制的电子文件检测归档移交备份机被国家档案局列入2014年科
技成果推广项目［EB/OL］.［2016-03-09］. http：//www. sdab. gov. cn/
daj/xwzx/sjgz/webinfo/2014/09/1408004091240208. htm.

［26］江苏省档案局圆满完成国家电子文件管理试点工作任务［EB/OL］.［2016-
03-09］. http：//www. dajs. gov. cn/art/2014/8/6/art_1228_58718. html.

［27］海南省"电子公文归档管理系统"通过验收［EB/OL］.［2016-03-09］.
http：//www. saac. gov. cn/news/2013-12/27/content_31621. htm.

［28］天津开发区数字档案管理系统通过专家评审［EB/OL］．［2016-03-09］．
http：//www. tjdag. gov. cn/tjdag/wwwroot/root/template/main/zwxx/bsxx _
article. shtml? parentid = 1&navid = 256&id = 10895.

［29］江西启动电子档案移交接收工作［EB/OL］．［2016-03-09］．http：//
jda. cq. gov. cn/gzdt/wzxw/wbxx/38359. htm.

［30］关于下达 2016 年省直单位电子档案移交接收计划的通知［EB/OL］．
［2016-03-09］．http：//www. jxdaj. gov. cn/id _ 2c9081985220986301523f
2da59e451c/news. shtml.

［31］内蒙古政府办公厅档案管理软件与机关 OA 实现对接［EB/OL］．［2016-
03-09］．http：//www. chinadaily. com. cn/hqcj/xfly/2014-08-01/content_12
123131. html.

［32］湖北电子档案规范移交及容灾备份覆盖 17 个市州［EB/OL］．［2016-03-
09］．http：//www. saac. gov. cn/news/2013-01-04/content_22001. htm.

［33］2013 年全市档案工作计划要点［EB/OL］．［2016-03-09］．http：//
www. szdaj. gov. cn/xxgk/ghjh/ndjh/201304/t20130426_2132394. htm.

［34］青岛市数字档案馆进入云存储阶段［EB/OL］．［2016-03-09］．http：//
www. saac. gov. cn/news/2013-08/01/content_26541. htm.

［35］青岛市数字档案馆首家通过"全国示范数字档案馆"测试［EB/OL］．
［2016-03-09］．http：//www. qdda. gov. cn/front/dangandongtai/articlecontent.
jsp? subjectid=12259374734535019001&ID = 14334921499 538653001.

［36］太仓通过全国数字档案馆测试［EB/OL］．［2016-03-09］．http：//
www. jxdaj. gov. cn/id_2c90819852207261015 22084c3f5006f/news. shtml.

［37］海宁成为全国首家"通过国家级数字档案馆测试"的县级数字档案馆［EB/
OL］．［2016-03-09］．http：//www. zjda. gov. cn/jgzw/zwgk/gzdt/201510/
t20151029_338328. html.

［38］海宁市以"三库建设"强化数字档案资源管理［EB/OL］．［2016-03-09］．
http：//www. zjda. gov. cn/jgzw/zwgk/gzdt/201512/t20151204_338824. html.

［39］北京市档案局启动北京数字档案馆（电子文件中心）建设项目［EB/
OL］．［2016-03-09］．http：//www. saac. gov. cn/news/2015-05/27/content _ 10
0146. htm.

［40］对电子文件中心与馆藏档案数字化几个问题的认识［EB/OL］．［2016-03-
09］．http：//www. hada. gov. cn/html/News/0_9249. html.

［41］国家档案局．数字档案馆系统测试办法［Z/OL］．［2016-03-09］．http：//

www. jxdaj. gov. cn/id_2c90819852209863015224347 8070ae5/news. shtml.

[42]中华人民共和国档案法实施办法(国家档案局一九九九年第 5 号令)[Z/OL]. [2016-03-09]. http://archieves. hbvtc. edu. cn/shishibanfa. htm.

[43]电子档案移交与接收办法(国家档案局档发[2012]7 号 2012 年 8 月 29 日印发) [Z/OL]. [2016-03-09]. http://www. cngsda. net/art/2013/3/22/art_96_24246. html.

[44]南方都市报报道:"做口述史像和时间赛跑"——省档案馆启动相关项目,收集整理亲历抗战者的口述资料[EB/OL]. [2016-03-09]. http://www. da. gd. gov. cn/WebWWW/collection/zjxxView. aspx? Type = 1&ItemID = 3306.

[45]关于收集民间保存的档案资料的尝试[EB/OL]. [2016-03-09]. http://www. hada. gov. cn/html/News/0_2076. html.

[46]CNNIC 第 37 次中国互联网统计报告[EB/OL]. [2016-03-08]. http://tech. sina. com. cn/chart/20160122/095043. shtml.

[47]中华人民共和国著作权法(2010 年修正)[Z/OL]. [2016-02-16]. http://www. sipo. gov. cn/zcfg/flfg/bq/fl/201509/t20150911_1174554. html.

[48]国务院关于修改《信息网络传播权保护条例》的决定[Z/OL]. [2016-02-16]. http://www. gov. cn/zwgk/2013-02/08/content_2330133. htm.

外文文献

1. 外文期刊

[1]Bak G, Armstrong P. Points of convergence: seamless long-term access to digital publications and archival records at Library and Archives Canada [J]. Archival Science, 2008, 8(4): 284-286.

[2]Beagrie N. Plenty of room at the bottom? Personal digital libraries and collections [J]. Dlib Magazine, 2005, 11(6): 1.

[3]Bell G. , Gemmell J. A Digital Life [J]. Scientific American, 2007(296): 58-65.

[4]Booms. H. Society and the Formation of a Documentary Heritage: Issues in the Appraisal of Archival Sources [J]. Archivaria, 1987(24): 76-104.

[5]Burrows T. Personal electronic archives: collecting the digital me [J]. OCLC Systems & Services: International digital library perspectives, 2006, 22(2):

85-88.

[6]Cox J R. The Record in the Manuscript Collection [J]. Archives & Manuscripts, 1996, 24(1): 52.

[7]Cunningham A. The archival management of personal records in electronic form: Some suggestions [J]. Archives and Manuscripts, 1994, 22 (1): 94.

[8]Cunningham A. The Mysterious Outside Reader [J]. Archives and Manuscripts, 1996, 24(1): 131.

[9] Cunningham A. Waiting for the ghost train: Strategies for managing electronic personal records before it is too late [J]. Archival Issues, 1999, 24 (1): 55-64.

[10]Cushing L A. Highlighting the archives perspective in the personal digital archiving discussion [J]. Library Hi tech, 2010, 28(2): 310-312.

[11] Forstrom M. Managing electronic records in manuscript collections: A case study from the Beinecke Rare Book and Manuscript Library [J]. The American Archivist, 2009, 72(2): 460-477.

[12]Featherstone M. Archive [J]. Theory, Culture and Society, 2006 (23): 595.

[13]Gemmell J, Bell G, Lueder R. MyLifeBits: a personal database for everything [J]. Communications of the ACM, 2006, 49(1): 88-95.

[14]Ham F. G. Archival Strategies for the Post-Custodial Era [J]. The American Archivist, 1981, 44: 207-216.

[15] Hobbs C. The Character of Personal Archives: Reflections on the Value of Records of Individuals [J]. Archivaria, 2001(52): 127-131.

[16] Hyry T, Onuf R. The personality of electronic records: the impact of new information technology on personal papers [J]. Archival Issues, 1997, 22 (1): 37-44.

[17]Kim S, Dong L A, Durden M. Automated Batch Archival Processing: Preserving Arnold Wesker's Digital Manuscripts [J]. Archival Issues, 2006, 30(2): 91-106.

[18]Kornblum J. Identifying almost identical files using context triggered piecewise hashing [J]. Digital Investigation. 2006(3): 91-97.

[19] Kuny T. The digital dark ages? Challenges in the preservation of electronic information [J]. International Preservation News, 1997(17): 8-13.

[20]Lofus J M. The Author's Desktop [J/OL]. Emory Magazine. 2010

（Winter）．［2016-03-09］．http：//www．emory．edu/EMORY_MAGAZINE/
2010/winter/authors．html．

［21］Millar L. Discharging our Debt：The Evolution of the Total Archives Concept in
English Canada［J］．Archivaria，1998（46）：105．

［22］Marshall C C，Bly S，Bruncottan F. The Long Term Fate of Our Digital
Belongings：Toward a Service Model for Personal Archives［J］．Computer
Science，2007（6）：25-30．

［23］Marshall C C. Rethinking personal digital archiving，Part 1：Four challenges
from the field［J］．D-Lib Magazine，2008，14（3）：2．

［24］Marshall CC. Rethinking personal digital archiving，part 2：implications for
services，applications，and institutions［J］．D-Lib Magazine，2008，14
（3）：3．

［25］McKemmish S. Evidence of me［J］．The Australian Library Journal，1996，
45（3）：174-187．

［26］Nahuet R. The Management of Textual Digital Archives：A Canadian
Perspective，Library and Archives Canada and Federal Government
Institutions［J］．Atlanti，2007，17（1-2）：42．

［27］Paquet L. Appraisal，acquisition and control of personal electronic records：
From myth to reality［J］．Archives and Manuscripts，2000，28（2）：71．

［28］Peters C S. When not all papers are paper：A case study in digital archivy［J］．
Provenance，Journal of the Society of Georgia Archivists，2006，24（1）：3．

［29］Randtke W I. Digital：Personal Collections in the Digital Era edited by
Christopher Lee［J］．Journal of Librarianship and Scholarly Communication，
2012，1（2）：9．

［30］Robert Fisher. In Search of a Theory of Private Archives：The Foundational
Writings of Jenkinson and Schellenberg Revisited［J］．Archivaria，2009
（67）：2．

［31］Samuels H. Who Controls the Past?［J］．The American Archivist，1986（49）：
115-124．

［32］Thomas S，Martin J. Using the Papers of Contemporary British Politicians as a
Testbed for the Preservation of Digital Personal Archives［J］．Journal of the
Society of Archivists．2006，27（1）：36．

［33］Wilkes W，et al. Towards Support for Long-Term Digital Preservation in

Product Lifecycle Management［J］. The International Journal of Digital Curation, 2011, 1 (6): 283-296.

［34］Williams P, Dean K, John J L. Digital Lives: Report of Interviews with the Creators of Personal Digital Collections［J］. Ariadne, 2008, 27 (55): 142-147.

［35］Whittaker S, Hirschberg J. The character, value, and management of personal paper archives［J］. ACM Transactions on Computer-Human Interaction (TOCHI), 2001, 8(2): 150-170.

2. 外文著作

［1］Ashenfelder M. The Library of Congress and Personal Digital Archiving［M］// Hawkins. T D. Personal Archiving: Preserving Our Digital Heritage. New Jersey: Information Today, 2013: 31-45.

［2］Carroll E. Digital inheritance: tackling the legal and practical issues［M］// Hawkins. T D. Personal Archiving: Preserving Our Digital Heritage. New Jersey: Information Today, 2013: 73-83.

［3］Cox J Richard. Personal archives and a new archival calling: readings, reflections and ruminations［M］. Duluth, Minn: Litwin Books, 2008: ii-xviii.

［4］Galloway P. Digital Archiving［M/OL］// Galloway P. Encyclopedia of Library and Information Sciences, 3rd ed. New York: Taylor and Francis, 2009: 1518-1527.［2016-07-07］. http://dx. doi. org/10. 1081/E-ELIS3-1200 44332.

［5］Hawkins . T D. New Horizons in Personal Archiving: 1 Second Everyday, myKive, and MUSE［M］// Hawkins. T D. Personal Archiving: Preserving Our Digital Heritage. New Jersey: Information Today, 2013: 243-257.

［6］Hawkins. T D. Software and services for personal archiving［M］// Hawkins. T D, ed. Personal Archiving: Preserving Our Digital Heritage. New Jersey: Information today, 2013: 47-72.

［7］Kim S. Landscape of personal digital archiving activities and research［M］// Hawkins. T D. Personal Archiving: Preserving Our Digital Heritage. New Jersey: Information Today, 2013: 153-185.

［8］Lee C. I, Digital: Personal Collections in the Digital Era［M］. Chicago: Society of American Archivists, 2011: 2-3.

［9］Pearce-Moses R. A Glossary of Archival and Records Terminology［M］.

Chicago：The society of American Archivists，2005：126-127&326-330.

［10］Ubois J. Personal digital archiving：what they are，what they could be and why they matter［M］// Hawkins. T D. Personal Archiving：Preserving Our Digital Heritage. New Jersey：Information Today，2013：1-9.

［11］Hawkins. T D. Personal Archiving：Preserving Our Digital Heritage［M］. New Jersey：Information Today，2013：xv-xvii.

［12］Jenkinson H. A Manual of Archival Administration（new and revised edition）［M］，London：Percy，Lund，Humphries & Co Ltd，1937：4-15 & 40-44.

［13］Schellenberg T. Modern Archives：Principles and Techniques［M］. Chicago：University of Chicago Press，1956：13-18.

［14］Muller S，Feith J A，Fruin R，et al. Arthur H. Leavitt，trans. Manual for the arrangement and description of archives（2nd ed.）［M］. New York：H. W. Wilson Co.，1940：19-22 & 152-155.

3. 外文会议论文

［1］Armstrong P. Becoming a Trusted Digital Repository，Library and Archives Canada：Managing Information in the Public Sector，Meeting the Challenge［C/OL］// Ontario Information Management Conference. Toronto，Ontario，April 28，2009.［2016-02-29］. www. verney. ca/opsim2009/presentations/783. pdf.

［2］Barreau D，Nardi B A. Finding and Reminding：File Organization from the Desktop［C］// ACM SIGCHI Bulletin. 1995，27（3）：39-43.

［3］Boardman R，Sasse A M. Stuff Goes into the Computer and Doesn't Come Out：A Cross-tool Study of Personal Information Management［C］// Proceedings of the SIGCHI conference on Human factors in computing systems. NewYork：ACMPress，2004，6(1)：583-590.

［4］Carroll L L. Arranging and Describing Born-digital Archives：The Salman Rushdie Papers at Emory University［C/OL］//Conference of Association of American Archivists. Chicago，Illinois，August 26，2011.［2016-03-02］. http：//e-records. chrisprom. com/wp-content/uploads/2011/08/PAERWhat-WorksNow. pdf.

［5］Del Pozo N，Elford D，Pearson D. Invited Demo：Prometheus：Managing the Ingest of Media Carriers［C］//Proceedings of DigCCurr2009 Digital Curation：

Practice, Promise and Prospects, 2009: 73.

[6] Gemmell J, Bell G, Lueder R, et al. MyLifeBits: fulfilling the Memex vision [C]//Proceedings of the tenth ACM international conference on Multimedia. ACM, 2002: 235-238.

[7] Henderson S. Personal document management strategies[C]// ACM Sigchi New Zealand Chapter's International Conference on Computer-Human Interaction, Chinz 2009, Auckland, New Zealand, July, 2009: 69-76.

[8] Mackay E W. More than Just a Communication System: Diversity in the Use of Electronic Mail[C]//Proceedings of the 1998 ACM conference on Computer-supported cooperative work. NewYork: ACM Press, 1998: 344-353.

[9] Massimi M, Odom W, Kirk D, et al. HCI at the end of life: understanding death, dying, and the digital [C]//CHI'10 Extended Abstracts on Human Factors in Computing Systems. ACM, 2010: 4477-4480.

[10] Rodden K, Wood K R. How do people manage their digital photographs? [C]//Proceedings of the SIGCHI conference on Human factors in computing systems. ACM, 2003: 409-416.

[11] Smith J, Armstrong P. Preserving the Digital Memory of the Government of Canada: Influence and Collaboration with Records Creators [C/OL]// iPRES2009: the Sixth International Conference on Preservation of Digital Objects. Mission Day Conference Center, San Francisco, California, October 5-6, 2009. [2016-02-29]. http: //www. cdlib. org/services/uc3/iPres/presentations/SmithArmstrong. pdf.

[12] Whitaker S, Sidner C. Email overload, exploring personal information management of email [C/OL]//Proceedings of the Conference on Human Factors in Computing Systems. CHI, 1996: 276-283. [2016-03-10]. http: //portal. acm. org/citation. cfm? id = 238530&dl = ACM&coll = DL& CFID = 27124289&CFTOKEN = 32910868.

[13] Williams P, Leighton J J, Rowland I. The personal curation of digital objects: A lifecycle approach [C]//Aslib Proceedings. Emerald Group Publishing Limited, 2009, 61(4): 340-363.

[14] Digital Curation Centre[C]// Proceedings of the DCC Workshop on Persistent Identifiers. Glasgow. 30 June-1 July 2005. [2016-03-05]. http: //www. dcc. ac. uk/events/pi-2005/.

4. 外文学位论文

［1］Lee A C. Defining Digital Preservation Work：A Case Study of the Development of the Reference Model for an Open Archival Information System ［D］. Ann Arbor, Michigan. University of Michigan. 2005：xxvi-xxvii.

［2］Bass L J. Getting Personal：Confronting the Challenges of Archiving Personal Records in the Digital Age ［D］. Winnipeg, Manitoba. University of Manitoba. 2012：iii-iv&1-6&101-119.

［3］Taylor K. From paper to cyberspace：changing communication technologies and the implications for personal records archivists ［D］. Winnipeg, Manitoba. University of Manitoba. 2002：i-ii&12.

5. 外文标准

［1］International Organization for Standardization. ISO 14721：2003, Space Data and Information Transfer Systems-Open Archival Information System-Reference Model ［S/OL］. ［2016-02-29］. http：//www. iso. org/iso/catalogue _ detail. htm? csnumber=24683.

［2］ISO 30300：2011 Information and documentation-Management systems for records-Fundamentals and vocabulary［S］. Geneva：International Organization for Standardization, 2011.

6. 外文电子文献

［1］Archives, Harmony and Friendship：Ensuring cultural sensitivity, justice and cooperation in a globalised world——Abstracts and Biographies ［EB/OL］. ［2016-10-02］. http：//www. ica. org/sites/default/files/ICA%202016% 20Abstracts%26biographies%20ENG%20v3%20print. pdf.

［2］Consultative Committee for Space Data Systems. Reference Model for an Open Archival Information System（OAIS）Blue Book ［Z/OL］. ［2016-02-29］. http：//msa. maryland. gov/msa/intromsa/html/record _ mgmt/pdf/oais _ reference_model_2007. pdf.

［3］Digital Preservation at the National Book Festival 2013［EB/OL］. ［2016-03-08］. http：//blogs. loc. gov/digitalpreservation/2013/09/digital-preservation- at-the-national-book-festival-2013/.

[4]iKive. com. What is iKive. com? [EB/OL]. [2016-1-2]. http：//www. ikive. com/about.

[5]John L J, et al. Digital Lives, Personal Digital Archives for the 21st Century： An Initial Synthesis, Beta Version 0. 2 [R/OL]. [2016-03-02]. http：// britishlibrary. typepad. co. uk/files/digital-lives-synthesis02-1. pdf.

[6]Kiehne T, Spoliansky V, Stollar C. From Floppies to Repository： A Transition of Bits, A Case Study in Preserving the Michael Joyce Digital Papers at the Harry Ransom Center (Unpublished paper, May 2005) [Z/OL]. [2016-03-06]. https：//pacer. ischool. utexas. edu/handle/2081/941.

[7]Library and Archives Canada, Departmental Performance Report 2010-2011. [R/OL]. [2016-02-29]. http：//publications. gc. ca/collections/ collection_2011/collectionscanada/SB1-4-2011-eng. pdf.

[8]Library and Archives Canada, Private Archives Working Group. Final Report： Acquisition Priorities—Setting Priorities for Private Archives [R/OL]. [2016-02-29]. http：//www. collectionscanada. gc. ca/modernization/0120　04-2055. 01-e. html#anc7.

[9]Maggie J, Neil B. Preservation Management of Digital Materials： A Hand-book [EB/OL]. [2016-03-05]. http：//www. dpconline. org/graphics/ handbook/.

[10]Metadata Encoding & Transmission Standard official web site [EB/OL]. [2016-03-05]. http：//www. loc. gov/standards/mets/.

[11] Microsoft Corporation MSDN Library. Remote Desktop Protocol [EB/ OL]. [2016-03-02]. http：//msdn. microsoft. com/enus/library/windows/ desktop/aa383015(v＝vs. 85). aspx.

[12]Pass It On： Personal Archiving Day at the Library of Congress on May 10 [EB/ OL]. [2016-03-08]. http：//www. loc. gov/today/pr/2010/10-079. html.

[13]Personal Archiving Day： a Hit [EB/OL]. [2016-03-08]. http：//www. digitalpreservation. gov/news/2011/20110505_news_PAD2011. html.

[14]Personal Archiving Day at the Library of Congress [EB/OL]. [2016-03-08]. http：//www. digitalpreservation. gov/news/2010/20100519news ＿ article ＿ personal_archiving_day. html.

[15]Personal Archiving： Preserving Your Digital Memories [EB/OL]. [2015-12-31]. http：//www. digitalpreservation. gov//personalarchiving/records. html.

[16] Preservation Week: Pass It On [EB/OL]. [2016-03-08]. http://www.ala.org/alcts/confevents/preswk.

[17] The InterPARES Project Terminology Database [DB/OL]. [2015-12-31]. http://www.interpares.org/ip3/ip3_terminology_db.cfm.

[18] Ross S, Gow A. Digital Archaeology: Rescuing Neglected and Damaged Data Resources [R/OL]. [2016-02-29]. http://www.ukoln.ac.uk/services/elib/papers/supporting/pdf/p2.pdf.

[19] Strodl S, et al. Automating logical preservation for small institutions with Hoppla [EB/OL]. [2016-03-02]. http://www.ifs.tuwien.ac.at/dp/hoppla/.

[20] The 3rd ACM Workshop on Capture, Archival and Retrieval of Personal Experiences (CARPE 2006) [EB/OL]. [2016-01-02]. https://www.cmc.ss.is.nagoya-u.ac.jp/CARPE2006/.

[21] Thomas S. A Practical Approach to the Preservation of Personal Digital Archives: Final Report to the JISC [R/OL]. [2016-02-29]. http://www.paradigm.ac.uk/projectdocs/jiscreports/ParadigmFinalReportv1.pdf.

[22] Thomas S, et al. Paradigm: Workbook on Personal Digital Archives [Z/OL]. Oxford: Bodleian Library, 2007. [2016-02-29]. http://www.paradigm.ac.uk/workbook/index.html.

[23] We Talked and Talked About Personal Digital Archiving [EB/OL]. [2016-03-08]. http://blogs.loc.gov/digitalpreservation/2011/09/we-talked-and-talked-about-personal-digital-archiving/.

[24] Woodyard D. Data recovery and providing access to digital manuscripts [R/OL]. [2016-07-03]. https://www.nla.gov.au/our-publications/staff-papers.

[25] Karen C. Rights Expression Languages: A Report for the Library of Congress [R/OL]. [2016-03-05]. http://www.loc.gov/standards/relreport.pdf.